近代日本キリスト者の信仰と倫理

鵜沼裕子

聖学院大学出版会

はしがき

さきに『近代日本のキリスト教思想家たち』(日本基督教団出版局、一九八八年)と題する小著を著してからほぼ十年が経ったので、このたびその後に書きためた論文のうちのいくつかを軸に、このようなかたちの一本を公にすることとした。近代日本のキリスト教思想というテーマ自体は私が学究生活に入って以来温め続けてきたものであり、取り上げた人物も前著と重なるものも多いので、本書はある意味で前著の続編のような性格のものである。しかし序章に記すように、本書はその後に新たに熟してきた問題意識にもとづいている。

詳しいことは序章にゆずることとして、ここにその最も基本的なことのみを記せば、信仰の世界を理解するには、単にロゴス化され論理的に表明された思想の側面だけを扱うのではなく、その根底にある深い秘儀的な宗教体験に着目せねばならないのではないかということである。このことは信仰というものの本質を知る者にはすでに当然のことで、改めて言うまでもないことであろう。しかしながら、カトリシズムに関しては常にその秘儀性や神秘性が強調されるのにたいして、プロテスタンティズムの場合は、これまでM・ウェーバーによる研究の強い影響力のもとで、専らその合理性や近代化への社会的貢献の解明に光が当てられ、秘儀的非合理的な側面は、前近代的なものの残滓として切り捨てられるか、あるいはせいぜい消極的な評価しか与えられなかったように思われる。

しかしながら、カトリックであれプロテスタントであれ、すぐれた宗教家として名を残した人々における生の活力の根源は、単に知的に受容された世界観や人生観にではなく、何らかの意味で秘儀性を含む宗教的原体験にあるはずである。そうであれば、宗教思想やそれに根ざす行動の意味を総体として理解するには、まずその根源である宗教的原体験に目を向けねばならず、そのことは、プロテスタンティズムの場合も例外ではないのではなかろうか。

そのような見通しから、本書に収録した諸論文では、各キリスト者の世界に、宗教的原体験を軸として光を当ててみることを試みた。その結果、これまでは朧気にしか見えなかった各人の思想や行動のうちで、何ほどかその意味が明瞭になったものもあるのではないかと思っている。

近年環境世界において地球規模で急激に生じつつある諸変化は、思想世界にもそれに対応すべき新たな知の模索を促してきた。そうした中で、キリスト教的唯一神への信仰とそれに根ざす世界観の普遍的真理性が自明のこととして素朴に受け入れられていた時代はすでに過ぎ去り、多宗教や多元的価値観の共存を模索せねばならぬ時代を迎えつつあることは事実であると言わざるをえないであろう。また、制度化されたいわゆる既成宗教はすでに過去のものとなり、二十一世紀はそれらを包み越えるものとしての「宗教性」一般の時代になるであろうとも言われている。いずれにせよ、教会的伝統を重んじるキリスト教にとっては厳しい時代の到来になると考えざるをえない。そうであれば、このような時に、あえて近代日本のキリスト教を取り上げることにどのような現代的意義があるのかということについて、一言述べておかねばならないであろう。

近代日本のキリスト教の果たした役割を、近代化の途上で生じた特殊時代的な課題への貢献ということに限るとすれば、その役割はすでに終わったと言えるかもしれない。しかしながら宗教の本来の意義は、単に政治社会レベルでの発言や社会の開化に果たした影響力だけにではなく、第一義的にはあくまでも個人の霊魂の救済、内面性の浄化・向上ということにあるとすれば、近代日本におけるキリスト者たちの生の軌跡から、現代にもなお意味をもちうる価値を掘り起こすことが可能であろう。使徒パウロのダマスコ途上での回心、M・ルターの塔の体験、内村鑑三のアマースト大学における十字架信仰への目覚めにわれわれは、時と処とを超えて響きあうものを見いだすことができる。このように、霊魂の深い次元における宗教的体験は時代や社会を超えた普遍性をもつと考えられるとすれば、近代日本のキリスト者らの宗教的原体験やその具体化としての行動も、それが真に霊魂の深みに根ざすものであれば、そこには現代にもなお意味をもつ価値を発見できるであろうと考える。

そのような見通しから本書では、近代日本におけるキリスト者の幾人かをめぐって、彼らが現代人も共有しうる課題にたいしてどのように対応したかについて、現代的関心から問いなおしてみることとした。そのことは、キリスト教ばかりでなく広く宗教というものが人間の生にとってもつ意味や、その現代的な意義を考える上で、何らかの示唆となりうるであろうと考えるからである。そのことはまた日本のキリスト教の、世界のキリスト教史への創造的参与を示すことにもつながるのではなかろうか。

ここで、各章の内容と意図について簡単に述べておきたい。

第一章では植村正久の場合について、前時代から受け継がれた伝統的な「天」の観念と信仰との関わりについて問うとともに、武士の精神的遺産である「志」に支えられた倫理性の強い信仰と、神の背理的な愛への秘儀的な信仰との、内的な構造連関を明らかにすることを試みた。

第二章では内村鑑三の宗教的寛容への姿勢を取り上げ、その内実と日本の精神的伝統との関わりを問い、そこに、価値多元主義の時代におけるキリスト者のあり方への示唆を求めた。

第三章では、キリスト教的死生観と日本の伝統的な死生観との相剋をめぐって、内村鑑三をケース・スタディとして考察した。キリスト教における死のとらえ方、とりわけ新約聖書におけるパウロのそれと、日本人の伝統的死生観との間にはきわめて大きな隔たりがある。本章では、死をめぐる聖書の教示を内村が主体化しようとした苦闘のあとを探ることをとおして、日本における福音受容のはらむ問題の一側面を考察することを試みた。

第四章では新渡戸稲造の宗教観について考察した。新渡戸の信仰は、キリスト教史の上ではクエーカー主義と見做されているが、神秘主義との関わりという視点から、その宗教観を再吟味することを試みた。

第五章では、無教会派と目されている三谷隆正を取り上げ、その信仰の内実とそこから押し出された国家観について吟味し、そこに内在する問題点を考察した。

第六章では、愛の実践運動家として世界的にも著名な賀川豊彦について、そのユニークな信仰の内実を、「大正生命主義」との関わりという視点から考察した。

終章では、本書を貫くもうひとつの問題意識である、身体性と精神性、からだとこころの結びつきをめぐって、こうした問題に向けて筆者の関心を触発した逢坂元吉郎の信仰と思想について考察し、本書の結びに代えた。

日本のキリスト教の歴史的な研究にどのような切り口で臨むかということは、当然ながら研究者自身の信仰的立場や主体的な関心によって定まるので、キリスト者であっても筆者と立場や関心を異にする方々に、本書が果たして共感的に受け入れられるかということには、いささか不安も感じる。しかし一方、キリスト教以外の世界で、超越的なものや人生の究極的根拠を求める方々に、本書が同種の課題を共有していただくよすがとなることもあるのではないかと思っている。もしもそのようなことがあれば、それは筆者にとって望外の幸せであることをつけ加えておきたい。

鵜沼裕子

目次

序章　問題の所在と研究の視点

一　信仰の体験的基盤

近代日本のキリスト教に関する研究の主要な関心は、これまで主として、「近代化」という国家的課題の渦中でキリスト教が果たした開明的役割を明らかにすることに注がれてきたといえよう。

周知のように近代日本におけるキリスト教は、当初、近代西欧の啓蒙的諸思想の一環として受容された。キリスト教は西洋の近代化を推進した精神的基盤と目されたので、初期の日本のキリスト者、とくに指導的立場にある人々においては、その本質や派生的な諸思想をできる限り論理的体系的に認識して移入紹介し、キリスト教の真理性を弁証することが急務であるとされた。たとえば植村正久が、すでに明治十七年という時期に『真理一斑』を著わし、古今東西の思想を援用しつつキリスト教的有神論の真理性の弁証を試みたことなどは、その代表的な例といえよう。

また彼らは、キリスト教的唯一神への絶対帰依の立場から、それぞれに新時代にふさわしい世界観の構築や生き方を模索し、それにもとづいて社会のさまざまな側面で前近代的なものの残滓への批判やそれらからの脱却を試みた。たとえば、神の前に平等な存在としての個の思想に立脚して前時代の階層的身分意識を批判したことをはじめ、「内村鑑三不敬事件」や「教育と宗教の衝突」事件における発言に象徴的にみるように、キリスト教的良心の立場から当時の国家の路線のたいしてよく「監視」の役割を果たしたことなどは、キリスト教史のみならず、広く近代日本思想史一般の中で肯定的に語られてきたところである。また具体的な実践活動としては、教育、とくに女子教育の推進や、社会福祉事業などに果たした先駆的な役割をはじめとして、禁酒・禁煙、廃娼のような社会の浄化運動などをあげることができよう。

もっとも、近代、とくにその黎明期は、キリスト教の受容自体が緒についたばかりであったので、これらの言論や活動は、厳密な意味でキリスト教信仰にもとづくというよりも、広く近代西欧の開明的思想やヒューマニズムの立場からなされたものも多かった。しかしいずれにせよ、広義のキリスト教精神を原動力とした、物心両面における近代化の推進は、近代日本思想史の上で注目すべき出来事のひとつであり、「明治のキリスト教」は、これまで「大正デモクラシー」、「昭和のマルキシズム」と並んで近代日本思想史研究の主要なテーマとして位置づけられてきた。したがって研究者の間でも、そうした思想的社会的側面におけるキリスト教の功績を解明することが、近代日本キリスト教史研究の重要な作業と考えられてきたといえよう。

ところで前著をまとめたのちに新たに筆者の心を占めるようになった問題は、第一に、信仰というものは、その真のありように迫るには、単にこれをロゴス化された「思想」の面だけを見るのではなく、その根幹にはたましいの深い次元における秘儀的な体験があるという前提で向き合わねばならないのではないか、ということであった。言いかえれば、信仰の世界というものは、単に思想としての論理的整合性を追うという仕方では、その真相を明らかにし尽くせないのではないかということであった。このことは、いやしくも信仰というものの本質を知る人々にとってはある意味で当然ことであり、改めて言うまでもないことであるかもしれない。また逆に、近代日本のキリスト者の中には、そうした信仰の秘儀性を探ろうとする問題意識がいわば空振りに終わるような人物も少なくないことも事実である。しかしながら、前著ではまだ思想の表層をなでまわしているだけだったのではないか、キリスト教思想の考察は、霊的な事実としての信仰そのものの内実にできる限り迫ろうとする努力なくしては、真に信仰の出来事の解明として完結しないのではなかろうか、と感じるようになった。

こうした思いが筆者をとらえるようになったきっかけは、ひとつには、昨今広く世の関心を集めつつある、深層心理学の立場に立つ臨床心理学に関する本に興味をもつようになったことにある。その直接の動機は、初めて大学に専任教員として赴任し、多くの問題を抱える若い人たちと接するようになり、多少ともそうした方面の知識の必要性を感じるようになったことにあった。しかしもちろん、カウンセリング的な仕事は簡単に始められるわけのものではないので、その意味では全く趣味的な読書の範囲を出なかった。ところが少しく読み進めていくうちに、そこには信仰の世界とも符号することがきわめて多いことに驚かされ、こうした考え方に教えられながら自分の研究世界を拡げていくことはできないだろうかと考えるようになった。そこには、私たちの「たましい」というもののあり方やその働きについて、信仰者の立場からも傾聴すべき深い知恵がきわめて豊かに含まれているように思われたのである。たとえば、臨床心理学者河合隼雄の著書に次のような一節がある。

それ（ある昔話にでてくる一人の物乞い）が「どこから来て、どこへ行くのか」は定かではない。しかし、それが所属する何らかの「他界」の存在を承認することは、つまるところ、自分という存在が「どこから来て、どこへ行くのか」という根元的な問に対する、ひとつの答えにもかかわってくることであり、人間存在に確固とした基盤を与えてくれる。この世は他界によって、その存在を基礎づけられる(1)。

あるいは、次のような言葉もある。

（大人になっていくときに）それぞれの人間は自分なりに、自分のたましいの存在との接触を必要としているのである。己を越える存在の認識が、大人になることの基礎として必要なのである。（中略。）大切なことは、自分のコントロールを越えた存在を認識すること、それとの関連において、自分という存在を考えてみることができることなのである。(2)

ここに言われている「他界」や「己を越えた存在」、あるいは「たましい」などが、聖書の示す超越世界や神、パウロのいう霊などとどのようにかかわるのか、そうしたことは、もとより私に答えられる問いではない。だがこれらの言葉は、深層心理学的な領域から開示されつつある心の世界のあり方が、信仰の世界とも深いところで呼応し合うものであることを、ある確かな手応えをもつ「事実」として垣間見させてくれるように思われたのである。これらの、一見宗教家のものかとさえ思われる指摘の数々は、実際に人間の「たましい」の癒しにかかわって実績をあげている心理療法家の言葉として、たとえばアウグスチヌスの、「わたしたちの心は、あなたのうちに安らうまでは安んじない」という言葉が、決して単に〝観念〟の世界で紡ぎ出された言葉ではなく、深く心の世界の「事実」に根ざしたものであるという認識へと筆者を導いてくれたのである。そして、信仰とは単に教義の知的な受容や感情の高揚ではなく、霊の世界の「事実」となるべきものであるならば、こうした研究領域から開示される心のあり方やその働きについての知見は、歴史上の信仰者の世界に近づこうとする者にとっても、きわめて重要かつ新鮮な示唆を与えてくれるように思われたのである。

しかしながら、昨今の深層心理学が開示した世界は深遠であり、また真にその世界を知るには、単に書物をとおしてだけでなく、実際にしかるべき臨床的なトレーニングを受けねばならないであろうから、そうした考え方に本格的に拠りながら日本のキリスト教史を叙述するなどということは、もちろん私の力の及ぶところではない。また「たましい」の世界を探るといっても、研究対象が過去の人物である以上、われわれは言語化された材料に頼るほかはない。しかしこうした考え方に多少とも学ぶことが、日本のキリスト教の歴史を単にその知的体系的受容の歴史としてだけでなく、信仰主体の経験心理的基盤の側面に眼を向けつつ解明するための一助ともなれば、と思ったのである。

従っていうまでもなく本書は、〝深層心理学の視点に立つ日本キリスト教史〟などという大それた試みではない。それどころか、このような研究姿勢を実際にどの程度貫くことができたかということも全く心もとない。しかしながら少なくとも、それぞれの信仰者を、単に過去の研究素材として客観的につき離して見るのではなく、同じ信仰を共有する者としてその内面世界にあたう限り寄り添う仕方で解明できれば、と心がけたつもりである。そしてこの点でも、初めに述べた臨床心理学上の考え方に教えられるところが少なからずあったことを記しておきたい。

たとえば、クライエント（相談者）によって提供される内的イメージに治療者が向き合う場合、それをそのまま言語化して解釈することは、「生きている」ダイナミックなイメージを殺してしまうことであるという。それは、「言語化」や「解釈」そのものが悪いということではなく、「単に書物で得た知識を頼りにして、――特に外国語を用いて――おきまりの用語にあてはめることをもって『解釈』と考えていることである」[3]という。そして、こうした態度は、「時に、言語の暴力と呼びたいほどの、結果を招くもの」[4]であり、「ただ、クライエントにレッテルを貼るような『解釈』を押しつけるのは、暴力以外の何ものでもない」[5]と厳しく批判されているのである。

以上は臨床心理学の世界での話であるが、言語化をもって「解釈」と考えることが「暴力以外の何ものでもない」とまで激しく拒否されているということは、それがクライエントという一人の人間の内的世界の理解にとって何のプラスにもならないどころか、むしろマイナスでしかあり得ない、ということであろう。そうであれば、われわれが信仰者の内的世界を内在的に理解しようとする際にも、同様のことが言えるのではなかろうか。われわれはともすれば、翻訳語的な抽象概念を当てはめることで、対象の内面世界を理解し尽くしたかのような錯覚に陥りがちなのではないか、そして、そのような扱い方では、信仰主体の内的世界を解明することはできないのではなかろうか、と思われたのである。

もうひとつ、筆者が臨床心理学的知見から教えられたことは、研究対象と向き合う基本的な姿勢そのものである。河合隼雄は治療者とクライエントとの間に生じる関係性を小説の場合になぞらえ、クライエントを作家、治療者を読み手とし、両者の関係を大江健三郎の次のような言葉を引いて説明している。「小説をつくり出す行為と、小説を読みとる行為とは、与える者と受ける者との関係にあるのではない。それらは人間の行為として、両者とも同じ方向を向いているものである。書き手と読み手とは、小説を中においてむかいあう、という構造を示しているのではない」。また小説を読むということは、「小説を書いてゆく者の精神と肉体によりそって、同じ方向に向いて進む行為」（傍点引用者）であるとも言われているという[6]。

これは「治療者とクライエントの関係に対しても深い示唆を与えてくれる」ものとして引用されているのであるが、同様の姿勢は、キリスト教思想史の研究者と研究対象との関係においても求められるのではなかろうか。これまで筆者は、歴史的な信仰主体とその研究者とは、互いに向き合って対話を重ねていくものと考えていた。しかし両者はむしろ、ここに言われているように、「同じ方向に向いて進む」者同士と考えたほうが、より適切なのではなかろうか。すなわち、両者はともに、聖書に啓示された救済史という同一の方向に向かう者同士としてかかわりあうのである。そして研究者たるものは、研究対象の「精神と肉体」とに可能な限り寄り添う仕方で、その内実を共感的に理解しようとつとめるべきなのではなかろうか。

なおこれらのことと関連して一言つけ加えれば、本書の主要な関心は固有の氏名を持つ個人によりは、むしろ各人の体験的世界そのものにあるということである。従って、それぞれの生涯の伝記的事実は、無論どうでもよいというわけではないが、それらは本書によってはあくまでもそれぞれの世界をより深く理解するための素材であり、伝記的事実やその意味の新しい解釈が本書の意図したところではない。蛇足のように思われるが、一応おことわりしておきたいと思う。


ところで、自らキリスト者でありつつキリスト教思想史を内在的に解明しようとする者にとって困難な課題は、自己自身の信仰的立脚点を研究作業の中にどのように位置づけるかという問題である。研究対象を内在的に理解するということは、どのような内容の信仰思想であれ、それを共感的に理解しようとすることである。そこでは、自らの信仰的立場をもって安易に対象を裁くことは控えねばならない。俗な表現を用いれば、どのような性格の思想にも〝八方美人的〟な態度で接するということにもなる。

ただし、ここで一言つけ加えれば、対象を内在的に理解するといっても、それは対象をそっくりそのまま再現することではありえない。同じ対象をとりあげても、そこに再現される対象の姿は研究者の個性や関心のあり方によって千差万別であろう。研究者はそれぞれに自己の関心に導かれつつ、対象の中の価値あるものを引き出してくるのである。

「評価」の問題と関連するもうひとつの難題は、そもそもキリスト教というものをどのようにとらえるか、という問題である。言うまでもないことだが、プロテスタント・キリスト教だけに限っても、その聖書解釈は千差万別であり、単にプロテスタント主義と言っただけではキリスト教理解について何の限定もしていないに等しい。従って、自分自身、聖書学やキリスト教神学の門外漢である筆者としては、近代日本のキリスト者たちの内的世界を上述のような方法で解釈した場合、それが果たして聖書の救済論の方向に沿うものであるか否かを自らの識見にもとづいて判定することは不可能なのである。このことは筆者にとって、いまだに答えの得られない大きな隘路である。なぜなら、いやしくも思想の研究に関わろうとする者が、自らの立脚点をいわば棚上げにしたままで、すべての信仰的立場にたいしてうなずくということは許されないであろうからである。

前著において筆者は、この問題を基本的にはいわば棚上げにしたままにとどまった。本書においても状況そのものは何ら変わっていない。だが前著では、筆者の力量不足によるやむをえぬ〝判断停止〟であったのに対し、本書では何らかのキリスト教的救済観を尺度、〝批判原理〟として提示することは、むしろ積極的にさし控えることとした。その理由は、このたびは、前述のような方法態度で研究対象に臨み、そのたましいの深みにあたう限り迫り、かつそこから織り出される思索の跡を明らかにすることそれ自体に積極的な意味があるのではないかと考えたためである。もしも筆者の解釈による再構成が何ほどか対象の実像に迫りえたとすれば、ここにとりあげたキリスト者像の中には正統的プロテスタント主義あるいは福音主義の軌道から外れるものもあるであろう。だが彼らはいずれも、生命や死など、生にとっての根源的な問題をめぐってキリスト教と真剣に対峙した人々である。そこにはそれぞれに、自己と現実とを何らかの仕方で超越しようとする苦闘がある。そしてそこに見いだされるものは、いずれも「キリスト教」との対峙のもとで紡ぎ出された、各人にとっての究極的な「救済の物語」である。そうであれば、筆者のなまじっかな〝判断原理〟をもってそれらに何らかの評価を加えることは、研究者としては越権ではないか、と思われたのである。キリスト教の歴史を少しでもひもとくならば、福音の理解・解釈には自ずと時代による制約、変遷が見られる。そうであれば、今後二十一世紀に向けて、知のパラダイムが大きく変わったとき、現在は正統的福音主義の軌道に乗りにくいとされているもののなかにも、福音的な価値を見いだすことが可能となるかもしれないのではなかろうか。また、欧米キリスト教史の展開としてみれば型から外れるように見えるものの中にも、日本のキリスト教が世界のキリスト教史に寄与し得る新たな創造的遺産を見いだすことも可能なのではなかろうか。いささか大仰な言い方になったかもしれないが、本書で試みた各人物の思想の再構成が、そのことに多少とも役立てば幸いであると考えている。

二　思想史と実証史の〝溝〟をめぐって

さて前著を出版した後に改めて問題意識にのぼったもうひとつのことは、日本キリスト教史研究の方法の問題であった。日本キリスト教史の研究（ここではとりあえずプロテスタンティズムに限る）は、比較的若く狭い学問分野ではあるが、当初から方法的にはかなり多様かつ自覚的な視点や問題意識からのアプローチがなされていたように思われる。一九五〇（昭和二五）年、「社会科学と福音との接点からキリスト教の歴史を解明」することをめざした隅谷三喜男の『近代日本の形成とキリスト教』が、この分野における学問的研究の嚆矢として世に問われて以来、教義学、教会史、歴史神学などの一部門として扱うという最も〝正攻法的〟なやり方によるものをはじめとして、宗教学や宗教史学、あるいは政治思想史、社会経済史等の視点に立つもの、さらには広く実証的な日本史学の立場からするものなど、それぞれに研究者自身の主体的な問題意識と絡ませながら、さまざまの視点からの研究が行なわれてきた。それらの中には、石原謙の『日本キリスト教史論』や熊野義孝の『日本キリスト教神学思想史』

のような、キリスト教学そのものの範疇に属する重厚な業績もあるが、大勢としては、広い意味での日本史の分野でなされているものが圧倒的に多いと言えよう。

日本プロテスタント史の学問的な研究機関の源流は、一九五〇年に佐波亘、比屋根安定、小沢三郎の三氏によって日本基督教団富士見町教会で始められた「日本プロテスタント史研究会」にある。まだ第二次世界大戦後間もないころのことで、この方面の研究機関はほとんど存在しなかったので、同会は、研究者の発表や情報交換の場として貴重な役割を果たしていた。特別な組織を持たぬ開かれた会としてどのような傾向の研究者にも等しく発表の機会が与えられたが、基本的には手堅い実証的な研究をこととする会であり、そのことが、その後のこの方面の研究にひとつの方向を与えたように思われる。

ところで筆者がこの分野の研究に入ったのは、キリスト教学でも実証的史学でもなく、日本思想史学の立場からであった。もう少し具体的に言えば、和辻哲郎によって基礎を据えられた、解釈学的な立場に立つ日本倫理思想史の立場ということになる。このことについての詳細はここでは省略するが、一言で言えば、研究対象を、それ自体に内在する発想法や論理に従って理解するということである。こうした自分自身の方法的立場を多少とも自覚的に意識するようになると、研究視角の違いということは、他の研究者との対論のさいに踏まえておかねばならない重要なポイントではないかと考えるようになった。というのは、日本のプロテスタント・キリスト教史という比較的限定された研究分野であるにもかかわらず、時として研究者同士の対論が不毛なすれちがいに終わることが少なくなく、その原因が、研究対象にたいする解釈の相違によるというよりは、各研究者の視点の相違に由来するものであることが少なくないように思われてきたのである。そこでこのことに関連して、特に最近折に触れて考える一側面について述べておきたいと思う。それは、日本キリスト教史のいわゆる実証的な研究と思想史との関係（あるいは齟齬）の問題である。

日本キリスト教史の研究には、これまで多くの場合、ひとつの基本的な視座が共有されていたように思われる。すなわち、世界史におけるキリスト教の絶対的優位性への確信に立って、キリスト教の歴史を、福音が在来の諸価値と戦いつつその普遍性を実現していく宣教の過程ととらえ、その記述をもって日本キリスト教史を構成しようとするものである。そこでは当然のこととして、キリスト教と伝統的・世俗的諸価値の対置という図式が大前提とされる。

一九九六年の一一月、聖学院大学出版会から刊行された論集『日本プロテスタント史の諸相』の序論「日本史研究からみた日本キリスト教史」で、編著者の高橋昌郎がこうした日本キリスト教史研究の傾向に対して重要かつ厳しい提言を行なった。すなわち高橋は、そうした前提に立つ考察が、これまでややもすれば歴史的事実の中立公正な認識を妨げてきたことを、実証史家の立場から正当に指摘したのである。確かに高橋の言うように、日本キリスト教史を宣教の歴史として扱おうとする人々は、これまで実証史家による研究成果にはあまり関心を払わなかったのみか、そこには時として、実証史の冷静な見方にくみすることを憚るような雰囲気さえあったように思う。しかしながらそうした態度は、日本キリスト教史の研究にとって決して好ましいものではない。今後、日本キリスト教史の研究が、もろもろの学問的批判に耐えうるものとして成長していくためには、広くさまざまな立場の研究に虚心に学び、必要に応じてその成果を取り入れていく姿勢が不可欠であろう。しかしながら、そのことは決してキリスト教史が実証史に解消されるべきだということを意味するものではない。理念的なものや価値的なものの歴史における意味を問うことなしには、そもそも思想に関する研究はなり立たないであろうからである。そこで今、高橋の指摘を手がかりに、こうしたことをめぐって考えることの二、三を述べてみたいと思う。まず高橋の主張のポイントを本節に必要な範囲で紹介しておきたい。

高橋は例としてまず、キリシタン禁制の高札撤去のいきさつをめぐる見方を取り上げる。この問題については、従来、宗教史や外交史の視点からの説明がいわば定説とされてきた。すなわち、維新政府が依然として旧幕府時代の禁教政策を踏襲して浦上信徒への大弾圧を行ったことが諸外国との外交問題に発展し、これが直接の引き金となって明治政府は高札撤去のやむなきにいたった、というものである。そうした見方の背後には、言うまでもなく、神道国教主義に立つ政府要人のキリスト教邪教観対欧米近代国家のキリスト教、という対立図式が控えている。高橋は、当時の国内状況を背景とした政治政策史の立場からこの問題を見るとき、こうした図式が必ずしもなり立たないことを、鈴木裕子の論文「明治政府のキリスト教政策[7]」に拠りながら以下のように説明している。そもそも廃藩置県以前の政府は弱体で、自らの統一見解を持つほどの権力はなかった。浦上信徒の総配流は、攘夷論者や不平士族など反政府分子の動きを恐れた政府の威信を守るためのものであった。それが明治四年三月になると、これら反政府運動は鎮圧された。同年七月、廃藩置県により中央集権が実現し、そこに政策転換が行われた。明治五年一月十四日、井上馨から正院へ浦上村の信徒を赦免すべしという意見書が出され実施されたが、これも政策の転換を示すものである。このの後同年三月十四日神祇省廃止、教部省設置、キリスト教の排斥を直接目的とした宣教使の廃止と続き、あとは六年二月の高札撤去に向けて手順を踏むだけである。以上が高橋の紹介による「鈴木論文」の趣旨である。高橋はこの解釈を承認しつつ、ことのいきさつがこのようであったとすれば、カトリック信者の戦いが高札撤廃を勝ち取ったとか、欧米近代国家が明治政府の邪教観を打破したというような見方は、間違いとは言えないまでも、歴史的事実の認識としては一面的といわねばならないとするのである。

高橋はさらに同様の視点から、幕府及び明治新政府とプロテスタント宣教師との関係に言及している。幕末、禁教下に来日した宣教師たちは、邪教観と迫害のもとで困難な生活条件に耐えつつ、英語教授などをしながらひたすら時の至るのを待っていた、というのが従来の一般的な認識であった。しかしながら当局とプロテスタント宣教師との間には、これとはかなり異なる局面もあった。高橋は、カトリック・キリスト教と当局との間でいわゆる浦上キリシタン問題が生じていたのとは対照的に、プロテスタントはむしろ長崎奉行所と親密な関係にあったことに注目したいといい、その役割を果たした人物として、最初に来日した宣教師のひとりであるG・F・フルベッキに言及している。すでに知られているように、フルベッキは幕府が長崎に設立した英語伝習所の後身・済美館と、佐賀藩が長崎に設立した致遠館で英語などを教えたが、その門下には、佐賀藩ばかりでなく薩摩・長州の藩士もおり、その中には、大隈重信、副島種臣、江藤新平、伊藤博文、大久保利通らが名を連ねていた。その後フルベッキは大隈らの推薦で明治政府に招かれ、明治二年、東京帝国大学の前身のひとつである開成学校の教師となって近代化政策の推進に貢献したことも、すでに広く知られているとおりである。

以上のことから高橋は、明治政府はカトリックにたいしては秩序を乱すものとして警戒したが、プロテスタントにたいしては恐怖心を抱くことはなく、また、明治政府がキリスト教にたいして直接に圧力をかけたというよりは、むしろ仏教や神社から突き上げられていたのであり、基本的にはキリスト教と在来宗教との対立と見たほうがよい、としている。このように、当時の国内状況を勘案しつつことをいま少し広い視野で見渡すなら、少なくとも政府との関係では、当時のキリスト教、ことにプロテスタントが置かれていた状況は、これまで一般に抱かれていたイメージとはかなり異なるものであったことが見えてくるであろう。

前記論集の序論に取り上げられているのはプロテスタント史の場合であるが、高橋の別の論考での指摘によれば、実証史学の成果をあまり顧みず宗教史ないし思想史的見方を重視する傾向は、キリシタン史の研究においても見ることができるという。たとえば、安野真幸『バテレン追放令』[8]は、関係史料の綿密な考証分析から、豊臣秀吉によるバテレン追放令発布の原因は、従来の通説のように「霊的な征服」の場としての教会領長崎の存在にあるのではなく、むしろ「キリシタン一揆」にあったことを論証し、秀吉は、布教と貿易の一体化をもとに日本に迫ってくるポルトガルやイエズス会等のヨーロッパ勢力にたいして「貿易はYes、布教はNo」という形で、ひとつの主体的な選択を行ったのである、と結論づけている。また尾藤正英の見解[9]も同様に、秀吉のキリシタン対策を政治政策の面から見ようとするもので、当時の内外情勢の緻密な分析にもとづいて、秀吉の対外・対内政策は、いずれも漸く成立した国家体制の安定的な維持を目的としたものであったとしている。そして、一六三〇年代に完成した鎖国令は、キリスト教（カトリック）を邪教とみる立場から、その布教に熱心なポルトガル人の来航と、それを誘導する可能性のある日本人の海外渡航を禁止するところに主眼があったが、その邪教観の根拠には、ポルトガル人およびスペイン人がアジア各地で政治的侵略を進めているという認識があった、としている。このような実証的研究が世に問われているにもかかわらず、一般的には依然として秀吉のいわゆる「神国思想」がキリシタン信仰を排除したという「思想史的」説明が定説となっている。高橋は、キリスト教信仰の立場からする研究が、このようにキリシタン禁制をともすれば宗教上ないし思想上の理由からのみ解釈しがちであるという傾向にたいして注意を促し、こうした実証史学の研究成果にも十分に目を向けるべきであると言うのである。実際、政治政策史的な見方を導入することによって今まで見落としていた部分が見えるようになれば、われわれは歴史の真相により近づくことができるであろう。

さて、社会情勢の客観的な分析にもとづく実証的な研究よりも、とかく宗教上ないし信仰や思想上の見方を優先させがちであるということは、これまで多くの日本キリスト教史の記述に共通して見られる傾向であった。このように、とかく〝事実〟とはいささかズレた見方が優先し、通説として受けとめられてきた背景には、キリスト教的価値の普遍性・絶対性への素朴な確信が控えていたことを認めねばならないであろう。日本におけるキリスト教の歴史を、神が日本という歴史的社会的現実の中で、もろもろの事象における普遍的価値としてその意志を現していく過程ととらえる、という考え方は、これまで多くの日本キリスト教史研究において基本的な視座として共有されていたように思われる。キリスト教の歴史が、福音が在来の事物を克服しつつその普遍性を実現していく（あるいは逆に、伝統的諸価値や世俗的権力によってその実現を妨げられる）過程であると受けとめられているところでは、極端に言えばその記述のシナリオはすでに出来上がっているようなものである。関係史料はすべて、この基本的構想に沿う方向に読まれていく。キリスト教精神にもとづく日本の近代化が神の意志の指し示す方向であると確信されているところでは、プロテスタント的文化価値と前近代的なものの考え方や世俗的権力との対立図式が大前提となり、後者は初めから前者の実現を阻む悪玉の役割を負わされて登場する。逆に、前者の実現の一翼を担う者は、重要な位置づけや評価を与えられる。そこではこのシナリオの展開に直接に関係のない要素、たとえば政治政策史的な見方などは、ほとんど入り込む余地がないのである。このような態度が歴史的事実を客観的に認識しようとする目を曇らせるものであることは言うまでもないであろうし、そもそも実証史家の立場から見れば、このような前提に立つ記述は厳密な意味で歴史とは言えないということであろう。従って、どのような見方に立つにせよ、歴史研究を名乗る以上は、できる限り公正中立な事実認識をふまえる努力がなされねばならない。

しかしながら初めにも述べたように、実証史学の成果に学ぶということは、決してキリスト教史が実証史に解消されるということを意味するものではない。宗教としてのキリスト教に主体的に関わろうとする以上、信仰や思想の持つ意味を視野に入れることなしには、その研究は完結しないだろうからである。では、信仰や思想の視座からキリスト教の歴史を扱うとは、どういうことを意味するのか。しかしひとくちに日本キリスト教の思想史的研究といっても、そこにはさまざまに異なる問題意識や視点からのものがある。ここでは、それらについて総括的な紹介やコメントを試みようとするのではなく、今述べたようなことをめぐって筆者自身が考えることの二、三を述べてみたい。

実証史家によって日本キリスト教の思想史的な見方が批判的に語られるとき、そこには思想史的な考え方というものにたいする次のような理解が控えているように思われる。すなわち思想史とは、歴史を動かすメカニズムとして、実証的事実よりも思想や理念のもつ力を重んじるものである、という理解である。たとえば、秀吉のキリスト教排除政策にたいするこれまでの一般的な理解は、秀吉の「神国思想」なるものがキリスト教信仰を邪教視しこれを排斥した、というものであった。しかし、前記の安野真幸『バテレン追放令』によれば、追放令の発布という秀吉の決断は、貿易か布教かの二者択一という政治政策的見地からなされたものであり、その「神国思想」は、ヨーロッパ勢力の持つ「キリスト教国家」という政治神学的思想にたいする対抗思想・対抗イデオロギーとして提示されたものであった。すなわち安野によれば、秀吉の「神国思想」なるものは、ヨーロッパ勢力に対抗して持ち出された政治政策的な装置だったのであり、「思想史研究者たち」の思い入れどおり、この新しい信仰を排斥するためにロゴス化された日本伝来の宗教的エートスなどではなく、まして、キリスト教に対抗し得るほどの内実を備えたものではなかったのである。安野はここで、「神国思想」なるものの実態、その意味を、諸史料の吟味分析から実証的に解明しているが、そこには、思想を単純に歴史展開の原動力としようとする見方への批判がこめられているのを読み取ることができる。

ところで、いま「神国思想」を政治的イデオロギーとみるにせよ独自の内容を備えた思想とみるにせよ、ここに共通しているのは、いずれもこれを社会的事象としてのバテレン追放令とのかかわりという視角からみるという点である。すなわち、ひとつの社会的な出来事としてのバテレン追放令にとって、「神国思想」はどのような意味を持ち、どのように作用したかを明らかにしようとする視点である。ここで「神国思想」をどのように解釈するにせよ、それがかかわっているのはあくまでも社会的出来事としてのバテレン追放令であってキリシタン信仰そのものではない。つまり、ここに通底しているのは、キリシタン運動を信仰として内側から見るのではなく、ひとつの時代現象として外側から考察し、解明しようとする姿勢であるといえよう。そうであるかぎり、事象の歴史的展開において「思想」のもつ意味がいかに重視されようとも、それは、思想を内側から見ようとするタイプの思想史研究とは基本的に姿勢を異にしているのである。

いま筆者の念頭にある思想史とは、単に歴史のメカニズムを思想的側面から説明するということではなく、一言で言えば、信仰や思想の意味そのものを歴史的文脈の中で内在的に問うということである。課題を時代現象として外側から考察しようとする研究においては、「信じること」や「思想に生きること」のもつ意味への問いかけは、初めから研究の範疇には入っていない。だが、バテレン追放令がいかなる理由で発せられたにせよ、あるいは、フルベッキと時の当局とがいかに友好的な関係にあったにせよ、キリシタンないしプロテスタントたちが当時の歴史的社会的な状況のもとで負わされた内面的な課題は、それとは別個の問題として依然として存在するであろう。たとえ弾圧や取締りが、当局として取るべき当然の措置であり、決して宗教的理由にもとづくものではなかったということが実証的に明らかになったとしても、現実に弾圧や取締りが行われた以上、そのような状況のもとでなお敢えて信じ続けることの意味を問うことは、それとは別次元の問題なのである。日本におけるキリスト教の思想史的研究の課題は、ひとつには、日本という精神風土とその歴史的社会的条件のもとで唯一神への信仰に生きることの意味を、「内側から」問うことにあるのである。

歴史的生のありようをその内側から問い、その内面を理解しようとする思想史研究の姿勢については、かつて書いたことがある[10]のでここでは省略するが、いまこのことを本論の文脈に即して簡単に言えば、キリシタンあるいはプロテスタント・キリスト教という、普遍性を標榜する唯一神信仰に初めて触れた日本人の心のありようを、その内側から問うということである。たとえば、明治時代に国家の諸政策とキリスト教徒との間に生じた摩擦の中に、天皇制絶対主義によるキリスト教への締め付けや宗教弾圧を読み取るのは、実証的な歴史解釈の立場からすれば、やや勇み足であり過剰反応であると言えるかもしれない。しかし思想史の研究にとっての関心事は、この一連の出来事をひとつの社会事象として外側から考察することではなく、当時、ことをそのように受けとめた人々の内面に立ち入って、その精神のありようそのものを問うことなのである。たとえば、当時のいわゆる神聖天皇に疑似宗教の危惧を感じ取った人々がいたとすれば、筆者のいう思想史研究が問おうとするのは、それが果たして事実の正しい認識であったか否かではなく、日本的内在主義的な精神風土の下でそのような過敏とも言えるほどの反応をする精神が形成されたというまさにそのことなのであり、その形成過程や精神の内実そのもののありようを問うことなのである。そして、そのようにして解明された精神構造の推移の記述が思想史を形成するのである。

このような見方に立つなら、秀吉の邪教観についての〝宗教史的〟な解釈も、必ずしも一面的とか事実に反するとは言えないであろう。河合隼雄は、隠れキリシタンの聖典として伝承された『天地始之事』を深層心理学の見地から取り上げた論考の中でバテレン追放令発布の理由に触れ、「ひとつは秀吉がだんだん日本の中心人物になってきて、自分ほど偉いものはないという考え方になってきた。自分が全体を統一しようと思うときに、キリスト教の考え方には一神教の神があるわけですから、そういう唯一の神を信じる信仰が広まってくると、それとうまくいかないという気持ちもあっただろうと思うのです[11]」と述べている。これは、実証史学の立場からみれば、何の根拠もない想像に過ぎないであろう。しかし、心理療法の専門家として数多くの人々の〝たましいの事実〟に接してきた人の言として、われわれはこの解釈を実証的でないという理由からしりぞけることはできないのではなかろうか。ただしそのことは、こうした見方を短絡的に歴史を動かす唯一の原動力とするということを意味するものではない。キリシタンやプロテスタントたちの精神に生じた変革がエネルギーとして蓄積され、歴史形成の動力となっていくありようを探ることは、思想史研究にとってさらにつぎの段階の重要課題となるのである。

実証史学の立場からキリスト教史を解明しようとする研究は、プロテスタント史よりもむしろキリシタン史において着実に進められているようである。たとえば高瀬弘一郎『キリシタン時代の研究[12]』は、ポルトガルやスペインで採掘した史料の分析にもとづいて、キリシタン伝道の性格をその財政的基盤から解明した画期的な研究であるが、そこでは、キリシタン伝道はローマ教会が独自に自主的に行った事業ではなく、スペイン、ポルトガル両国の国家事業の一環として行われたものであるので、布教事業は国家的利害と一致することが多かったとされている。現実に武力による征服の危惧があったか否かは別としても、こうした布教の本質的性格を見ずに、キリシタン政策を単なる不当な弾圧と解釈し、キリシタンが受けた被害のみを声高に叫ぶのは一面的であり、歴史の公正な見方とは言えないであろう。

ただしそのさい留意すべきことは、これもあくまでもキリシタン伝道の性格を外側から考察したものであってキリシタン信仰そのものの解明ではないので、両者をいたずらに混同すべきではないということである。私事になるが、筆者は太平洋戦争後間もないころ、民主化政策の波に乗ってキリスト教が急速に広まった時期に初めて教会の門をくぐったひとりである。当時のキリスト教の盛んな宣教活動には、米国の占領政策の一環としての意図もあったと言われている。後世の史家にはおそらく、この時期のキリスト教にたいして、こうした状況を加味した解釈を下す者もあるであろう。そして確かに、この時期に入信したキリスト者に、何らかの共通の性格を見いだすことも不可能ではないだろう。だが、使命感をおびて来日した当時の宣教師たちが、どのような信仰に立ち、どのように福音を宣布したかということは、そうした外的条件とはまた別の問題である。まして、筆者をも含めた当時のひとりひとりのキリスト者が、どのようにしてキリストを信じるにいたり、どのような信仰的地平に立っているかということは、それとは全く別次元の問題ではなかろうか。

ここにこのような文章をしたためたのは、日本キリスト教史をめぐっていわゆる実証史家と思想史家との間で議論の焦点がかみ合わず、不毛に終わるとき、それはこのように双方の視角が異なり、しかも互いにそのことに気づかぬまま対論を続けていることに起因することがあるのではないか、と思ったためである。必要なことは、対論にさいし、まずお互いの拠って立つ方法的基盤を明確にし、理解しあうことではなかろうか。前著にも書いたことだが、研究方法というものは、単に研究素材を整理して記述にもたらすための技術的な枠組みに過ぎぬのではなく、研究者自身の問題意識、ひいては生への姿勢と深く結びついているので、他者の方法の是非については軽々に批判したり否定したりすべきではないと考える。また、異なる方法的態度を安易に折衷することも、必ずしもよいこととは思われない。しかし、お互いに他者の方法的態度を理解し、また必要に応じて、他の研究成果に学ぶことは大切であると考える。たとえば、思想史研究者としては歴史叙述を目指す以上、単に表白された言論をスタティックに吟味するだけでなく、その実証的背景にも広く学ぶことが必要であろう。それは思想の理解を、単なる恣意的な解釈に陥ることから救ってくれることになるからである。キリスト教史の叙述を目指す者は、神の聖旨は必ずこの世の力に打ち勝つというナイーヴな確信にもとづいて、研究者自身の価値観や思い入れによって神の意志の顕現と判断される事象を恣意的に取り出し、これを綴り合わせてこと足れりとするのみでは、その研究結果は実証史家の批判によく耐えうるものではないことを知らねばならない。同時に思想史研究者としては、自己の研究の固有の意義とその方法とを明示する必要があるということである。実証史家と思想史家との間にとかく齟齬が生じるのは、ひとつには、思想史というものの理解に混乱があったためではなかろうか。思想史家がそれぞれの研究の意義と方法とを明確に示し、その研究の実をあげることによって、実証史家にたいして思想史の固有の意義についての理解を得ることが可能となるであろうと考える。

三　特殊から普遍へ

さて、本書に取り上げるのは、いずれも個人の信仰や思想であり、しかも個人を総体的に論じたものではなく、それぞれ特殊個別的な課題である。そこで本論に入る前に、そのような取り上げ方をする意図について一言述べておきたい。それは、本章の第一節でも述べた、研究対象を客体化して傍観者的に論じるのではなく、これと宗教体験を共有する姿勢で関わっていくという方法的態度とも関連する。再び河合隼雄の言を引けば、河合は、個々のクライエントとの個別的な深い関わりは、普遍的な意味をもつ「事実」の知へと人を導くものであるということをしばしば述べている。そして、古典的な文化人類学が、非近代社会の風習を「外側から」観察するに止まっていたのにたいして、現代の人類学はフィールド・ワークによって彼らの文化に「内側」から参加してその意味を読み取ろうとし、そうすることにより、その文化が現代人にとってもなお意味をもつことを明らかにしたということを例に、次のように述べている。

観察者が現象の外に立って見た「普遍的」事実は、ただ変わった事実のみが明らかになっただけであった。それに対して、一人の研究者が、自分の存在をそこに投げ入れ、その「個性」を通じて見出してきたことは、立派に「普遍的」な意味をもってきたのである。個を除外して得る普遍性と、個を通じて得られる普遍性という考えをもってくると、後者の場合は「人間知」につながることが多いことに気づかれるであろう。[13]

このことを本書の文脈に即して言えば、研究者が研究対象の外に立つ観察者として得た知識は誰にとってもの普遍的事実であるが、一個の人間として対象と主体的共感的に関わりつつ得た知見は、深く霊的次元に関わる真に「普遍的」な知へと人を導く、ということになるであろう。つまり、本書で筆者が個別的な課題の追求を試みるのは、決してある特定の時代・社会の特殊な事象にこだわるからではなく、それらに一個の信仰者として主体的個別的に関わるとき、その探求が「普遍性」をもつ信仰的「人間知」の開示につながることを期待する故であるということを明らかにしておきたいのである。

このことはさらに、日本人という国民性のレベルでは、次のような展開となる。河合は昨今しばしば語られる「日本人のアイデンティティ」ということが、「ひとりよがりや自己中心的思いあがりに結びつく危険性」をもつことを指摘しつつ、次のように述べている。

アイデンティティということは、そのように浅薄なことではない。自己の固有性を探りつつ、その固有性が何らかの普遍性へとつながってゆかぬときは、それは極めて底の浅いひとりよがりになる。これは、ある日系二世の方が言われたことであるが、「自分の日本のルーツを深く探ってゆけばゆくほど、むしろ、アメリカ人とのつき合いも深くなってゆく」という体験に、アイデンティティの深化の意味がよく示されている。[14]

このことは言いかえれば、「日本人のアイデンティティ」を自覚することは、偏狭なナショナリズムに回帰することとは異なる、ということになるであろう。と同時にそれは、国際的であるということは、決して根無し草的な、国籍不明の人間になるということではなく、むしろ自国の固有性、その伝統に徹していくことである、ということをも意味するのではなかろうか。

以上の主張は、思想史の分野における次のような指摘にそのまま対応するであろう。

……みずからの文化的土壌を深く反省するとともに外へ眼を向けてゆくことが、真の普遍的思考へと近づく第一歩なのではあるまいかと思うのである。哲学のような抽象的思考を主とした領域では、歴史や文化の問題は二義的なものとして軽視されやすく、文化伝統の特殊性と思想の人類的普遍性とは矛盾するように考えられる傾向がないではない。しかし、芸術の世界をみれば、どうもそうではないように思われる。たとえば、セルバンテスは、最もスペイン的であることによって、スペイン的限界をこえて、一つの普遍的人間像を刻み出したと言ってもいいであろう。日本の場合を例にとれば、谷崎潤一郎や川端康成の世界は、最も日本的であることによって日本的特殊性をこえた深い人間観察を世界にもたらし得たといってもいいであろう。(15)

以上のような認識に立ってわれわれの課題と取り組むとき、個々のキリスト者における生の軌跡は、それが真に個別性・特殊性に徹したものであれば、近代日本という時代的・社会的な特殊性を超えて現代にも通じる普遍的な意義を開示するものとして立ち現われてくるのではなかろうか。

本章の第一節でも触れたように、本書で取り上げたキリスト者の信仰の中には、筆者の再構成の仕方ゆえに、正統的プロテスタント史の流れの中に位置づけにくくなっているものもあると思われる。しかしすでに述べたように、本書ではあえてそのことにこだわらずに、それぞれの信仰の実像（と思われるもの）をそのままに提示することとした。なぜならここには、各信仰者たちが聖書と対峙しつつ苦闘の中で編み出した、それぞれにとっての真実の救済物語があると考えるからである。それらの物語が真に聖書の救済論の方向に沿うものであるか否かの判定は、さきに述べた理由でさし控えたいと思う。そのことを試みる思想史研究者もあるであろうが、筆者の立場としては少なくとも現在のところ、究極的にはそれをなし得るのは超越者としての神のみである、と考えている。さしあたり筆者としては、これらの真摯な救済物語に触れることが、「聖なるもの」への畏怖を知り、その臨在に少しでも接近する手立てとなれば、と考えている。

序章の結びとして触れておきたいことは、信仰と倫理との関わりの問題である。宗教的原体験そのものは、個人的な、霊魂の深奥での出来事であるが、それは当然、その人の人生観や世界観として現われ、生き方に方向づけを与えるものとなるであろう。かつそれらがエネルギーとして蓄積されて社会化するとき、それは歴史形成の原動力ともなる。

しかしながら、宗教的信仰に根ざす倫理は、基本的にはあくまでも信仰を主体化した個人とその感化力をとおしてのみ真に活力あるものとなるのであり、そのまま一般的な規範や社会倫理の原則とすることは適切ではないであろう。なぜなら宗教的原体験から押し出され、それに支えられた倫理には福音的な自由があるが、それがひとたび体験という根源から切り離されて一人歩きを始めるとき、それは「律法主義」に陥るだろうからである。

ここまでしたためてくると、思いは当然、キリスト教倫理の究極としての愛に至る。植村正久が十字架上のキリストに体得したものは言うまでもなく、新渡戸稲造における他者への深い共感としての悲哀も、さらには賀川豊彦が「大宇宙の意志」として感得したものも、すべてはイエス・キリストにおいて示された神の愛に収斂するであろう。ただし、彼らの後塵を拝そうとするわれわれが、それぞれの体験から引き離されてロゴス化された彼らの思想のみを奉じるなら、それは形骸化された「律法」となり、最悪の場合は、そこには「律法」同士の争いさえ生じかねないであろう。終わりに湯浅泰雄の著書から、筆者が常に心に銘じていることばを引いて、序章の結びとしたい。

悪の力は論理によって否定さるべきではなく、愛の力によって忍耐づよく馴化し、統合すべきである。そこに道徳の次元と宗教の次元を分つ深い溝がある。宗教経験とは、善悪の彼岸に立って悪を善の中に融和する神秘で聖なる力の経験である。(16)

〈注〉

(1) 河合隼雄『生と死の接点』、岩波書店、一九八九年、二九七頁。
(2) 河合隼雄『大人になることのむずかしさ』、岩波書店、一九八三年、一二六―七頁。
(3)・(4)・(5) 河合隼雄『イメージの心理学』、青土社、一九九一年、一八四―五頁。
(6) 同上書、一九七頁。
(7)『史学雑誌』八六編二号、山川出版社、一九七七年、所収。
(8) 日本エディタースクール出版部、一九八九年。
(9)『学士会会報』八〇四号、一九四四年。
(10)『キリスト教と諸学』Vol.6、聖学院大学・女子聖学院短期大学、一九九二年、所収。
(11) 河合隼雄『物語と人間の科学』、岩波書店、一九九三年、九二頁。
(12) 岩波書店、一九七七年。
(13) 河合隼雄『対話する人間』、潮出版社、一九九二年、二四一頁。

(14) 同上書、二七六頁。
(15) 湯浅泰雄『東洋文化の深層』、名著刊行会、一九八二年、一六頁。
(16) 湯浅泰雄『ユングとキリスト教』、人文書院、一九七八年、二四一頁。

第一章　植村正久の世界

——伝統と信仰をめぐって——

はじめに

まず植村正久（一八五八—一九二五）を素材として、日本の伝統的精神とキリスト教信仰とのかかわりという問題からとりあげたいと思う。

日本キリスト教史上の植村正久は、正統プロテスタンティズムの代表的継承者として、またその信仰にもとづいて日本におけるプロテスタント教会形成の基礎を据えた人物として位置づけられている。そのゆえんは、すでに広く承認されているとおり、彼が、人は罪によって神から隔絶されているというキリスト教的人間把握を主体化し、神の子イエス・キリストによる人類の罪の赦しという告知をもってキリスト教的福音の根幹ととらえ、それへの信仰に人々をいざなうことを宣教活動の究極目的としたことにあった。筆者はかつてまとめた植村についての小論[1]で、このような植村のキリスト教信仰の内実を、とくに日本の伝統思想とのかかわりという観点から問いなおすことを試みた。その結果、在来の欧米プロテスタンティズムをモデルとしたキリスト教史の観点からは、とかく前近代的なものの残滓とか日本的停滞性の指標などとして切り捨てられがちであった、植村の中に色濃く見られる伝統的なものの意味を、その全体像の中に何ほどか積極的に位置づけ得たのではないかと思う。

ところで、その後改めて植村を読みなおしていくうちに、なおこの小論では充分に見通せていなかった部分があるのではないかと考えるようになった。そのひとつは、日本の伝統的な価値観やエートスは、これまで考えていたよりも一層深いところで植村のキリスト教信仰の根幹に触れているのではないかということである。たとえば旧時代からの伝来の「天」の思想であるが、植村において天という語は、「畏天敬神」というように、しばしば神と対になってあらわれる。またときには天と神の二語が交錯し、ほとんど区別なく用いられているのに出会う。このことは、立場は異なるが植村とともに福音主義的信仰の日本における代表的な担い手と目されている内村鑑三においては、天という語はたとえば「天と地」の天のように、被造世界の天をさす場合以外はほとんど使われていない(2)ことを考え合わせるなら、植村の世界において「天」というもののもつ特別の重みを暗示していると考えて誤りではなさそうに思われる。ちなみに、植村の三女環の令嬢川戸侯氏によれば、植村家の一室には「我を知る者はそれ天か」という荻生徂徠の書が掛けられていたという。

もう一点は、植村正久のキリスト教信仰そのものについてである。さきの小論では、「植村神学」の特色といわれる「志」の問題を中心に、それとのかかわりから植村における「罪」の理解を再吟味し、それにもとづいて植村に顕著にみられる強い倫理性と、正統的といわれる贖罪信仰との内的構造連関の解明を試みた。その結果見えてきたものは、植村のキリスト教信仰は、道義的な自己形成を目ざす「志」貫徹の姿勢という、それ自体は決して挫折することのない、強靱な上昇志向の精神を基盤としたものであるということであり、そうした筆者の植村観自体は現在も変わってはいない。しかしながら前著では、そうした植村像の発見に引きずられて、彼の信仰にたいする理解もその倫理性の方を重視する結果となり、植村の贖罪信仰にみられる秘儀的な側面を充分に見通すことができなかったように思う。確かに植村にとって罪の赦しとは、単に彼岸からの絶対的な恩寵による赦罪の告知によってたましいの平安を保証されることではなく、「志」がイエス・キリストによって根源的な活力を賦与され、人としての本来的な生を全うし得る者とされることを意味していた。だがさらにその背後には、十字架における神の子の受苦は神の愛の発現であり、この真理の体得は「敬虔の祕義」に属するという、深い宗教性を帯びた主張があった。神の子イエス・キリストの受肉降世、十字架上の死と復活による罪の贖いに神の愛を体認することが、あらゆる歴史的文化的付加物を取り去った後に残るキリスト教信仰の核であるとするなら、日本の伝統世界に深く根を張りそこから養分を吸収しつつキリスト教信仰の核心を主体化するに至った植村正久のキリスト教は、日本キリスト教史におけるひとつの新しい創造であるとともに、とかく表層的受容に過ぎなかったといわれる近代日本の西欧文化摂取の歴史の中で、非伝統的精神の真の主体化がなし遂げられた稀有な例のひとつと評することができるのではないかと考える。

以上のような問題意識と見通しに立って、植村正久の信仰の世界について、さきの小論では十分に見通せなかった部分になお少しく立ち入って考察してみたいと思う。

一　神と天

しばしば指摘されるように、プロテスタント・キリスト教の伝来とともにいち早くこの信仰に投じた人々、とりわけいわゆる三バンドと称されるキリスト者集団を形成した青年たちは、キリスト教を欧米近代社会形成の精神的基盤となった宗教として受けとめた。彼らの目には、万物の創造者、諸価値の統一原理として唯一の神の存在を認めるキリスト教は、当時、欧米の近代諸思想、とりわけ自然科学によって開示されつつあった啓蒙的世界像と価値観にとって最もふさわしい宗教であると映じたのであった。彼らにとってキリスト教的唯一神は、急速に変化していく時代の中で交錯する、諸々の価値観を統一する原理として、新しい世界像、世界観形成のかなめとしての役割を果たした。

そのさい、民間信仰やそれにまつわる習俗などは、前近代的迷蒙として唯一神への信仰の名のもとに厳しくしりぞけられた。しかし旧時代の秩序を支えた諸々の事物や観念は、必ずしも全面的に否定されたわけではなく、あるものは新たな意味を与えられて新しい神のもとに再統合されたのであった。

そうした中で特に注目されるのは「天」の観念である。擬人化され何ほどか超越的人格神的な趣をもっていた幕末の天の思想が、キリスト教的人格神信仰の受容に媒体の役割を果たしたことは、つとに指摘されているところである。(2) 海老名弾正は、熊本洋学校の教師L・L・ジェーンズ宅での集会で、初めて祈りのために「立て」と言われたとき、苦しみ迷った末に、自分は自分なりに天に謝すればよいと自らを納得させてついに立ったが、これが、彼が神中心の生き方を摑む端緒となった。天への一種の宗教的心情が、神への人格的応答関係の確立への橋わたしとなったわけである。しかしながら彼らにおいては、必ずしも旧来の天の権威が揺らぎ、もはやそれで充足できなくなった結果、神が新たな畏敬と依拠の対象となったわけではなかった。また天は、新たな神との出会いによって〝不要〟となったわけでもない。啓蒙思想家福沢諭吉をはじめ明治以後の一般の思想家たちの中でも、天はなおさまざまな仕方でその所を得ているが、キリスト者の場合も、天はいわば思想化以前の観念として、彼らの信の世界の中に深く取り込まれていたのである。

そうした意味での天を、新たな信仰の中にとりわけ顕著に見いだすことができるのは、植村正久の世界である。

植村家の一室に掛けられていたという「我を知る者はそれ天か」の書は、恐らく偶然にそこにあったわけではなかろう。頭上に「天」の書を掲げ、机上に聖書が置かれた一室は、まさに植村正久の世界を象徴するもののように思われる。彼は、「われを知るものはそれ天かと絶叫せし人」（『植村正久著作集1』二五九頁他、以下、著1・二五九と略記）の心に感じ、「天の寵を荷う」（著2・三七五他）者の自尊と気概に共鳴し、また時には「罪を天に獲たり」（著5・一七三他）と呻吟する。あるいはまた、心の底流に潜む宗教心が奔出するとき、人は「此の心天と通じ、正大の気神心相交感するを覚え」（『植村全集第二巻』四四二頁、以下、全二・四四二と略記）るのであるという。天は神との出会いの原体験にも先立つものとして植村の自己形成を支えた観念であり、天を意識するときその前に粛然と居住まいを正さずにはおられぬ心情こそ、植村をこの世界に定立させた原点ともいうべきものであった。ではキリスト者植村にとって、天と神とのかかわりはどのように受けとめられていたのか。

まずさきにも触れたように、天という語はたとえば「畏天敬神」のように、しばしば神と対になって、あるいは神と等置される仕方であらわれることに注目したい。植村にとって、天を畏れる心情と神を敬う心とは別のものではなく、畏天はすなわち敬神であった。たとえば次のような文章がある。

> 天は霊覚なく、機械的なものではない。最も完全なる人格である。人の霊性これに発現す。その責任を負うもこれに対してのことである。その審判に畏れ戦きて、身の措きどころを知らぬのである。どしても神を人格として待遇（あしら）わねばならぬ。（著1・一九二、傍点引用者）

植村にとって天は人格的な至高の存在者として、このように恐らくは半ば無意識に神と置き代え得るものであった。かつてキリシタンの宣教師は、被造世界における天との混同を恐れてデウスを天道と称することを禁じたという。だが植村の場合、「天の父」としてのキリスト教の神を知っても、在来の天と聖書の神との〃上下関係〃などは彼の問うところではなかった。そもそも、儒教に由来する天とキリスト教的唯一神との形而上学的異同などという問題は、植村の関与するところではなかった。聖書における超越観念は、天という語に伴う想念を媒体として伝えられることにより、植村の心において真に生命力を得、そこに不動の地歩を占めるものとなったのである。たとえば、神の召命にふさわしく歩むという意味の新約聖書のパウロ書簡の一節(「エペソ人への手紙」第四章一節)が、「天の寵召に相応しく歩む」[4]こととして受けとめられるという具合に。また「天、我を知る」ということと「エホバよ汝は我を探り我を知り給えり」(旧約聖書「詩篇」第一三九篇一節)ということとは、植村にとってひとつのことであった。キリスト者としての植村は、天と向き合いこれを畏れ敬うという姿勢に、新しい神への信の態度として最もふさわしいものを見いだしたのであったといえよう。

このことと関連して、もと天の主宰、天帝を意味し、漢訳聖書で神の翻訳語として用いられた「上帝」が、とくに植村の文章に頻出するということも、右のことを裏書きするもののように思われる。ちなみに、内村鑑三においては「上帝」という語はほとんど用いられていないということも興味深い事実である。先にも触れたように、内村では「天」という語自体がほとんど使われていないということとあわせて、植村と内村の両者には、背後にかなり異質な世界の広がりがあり、正統的プロテスタンティズムという共通の概念ではくくりきれない違いがあることを暗示しているように思われる。内村にとっての神は、伝来の文化価値から截然と区別される、異なる世界からの訪れであったが、植村にとっては、少なくとも心情的には、在来の天への畏敬と新しい神へのそれとはひとつのものであったのである。では「畏天敬神」の念として整えられた神への姿勢は、どのようなキリスト教信仰の世界の構築へと向かったのか。

二　天と人との「契合一致」

天への畏敬という伝来のエートスによって培われ、その上に据えられたキリスト教的唯一神への信仰は、当時、西欧から移入された知識や諸々の思想体系に思索的深化の手がかりを得つつ、植村固有の人間観や世界把握をふまえた独自のキリスト教理解へと結実していった。その表現形態は、思想書風な体裁をまとった『真理一斑』のような作品から説教、評論など多岐にわたっているが、そこに一貫してみられる基調音は、天ないし神を至高至善の存在者と見、人格としての人間および世界の展開の中にその投影を見るという、一種の理想主義的人間観、世界把握である。

天あるいは神として畏敬される対象の実体は、世界とその歴史、さらには宇宙までをも貫く大いなる意志であった。植村はいう、「世道人事はすべて人間以上の志に由りて支配せられる。歴史はその展開である」。この「人間以上の志」すなわち天意は、「信仰の側からこれを言えば」「神の志」であり、人はその「経綸の中に織り込まれたる生命を営みつつある」。「世には神の志が確かに遍く貫通している」（以上、著1・一九一、二）のである。

さて植村にとって天は万物を等しく覆うものである。それゆえ天とその経綸は、ひとりキリスト者のみの占有ではなく万人のものである。従って、天意を探りこれに随順して生きることは、キリスト者のみならず万人の務めである。古来の聖賢はすべてそのことをめざして生きた。そればかりでなく、占い師が「天意を窺い、その機微を穿ち、その経綸と調和せんことを図る」のも、「人間以上の計画あることを認め、その経綸のうちに自己とその生命とを編入したし」（著1・一九二）という思いから出たものである以上、その姿勢自体は誤りではない。問題は、天および天意をどのようなものと見て、いかにこれとかかわるかにある。天はその性に最もふさわしい仕方でかかわられねばならないからである。ではそれはどのような方向に求められるのか。まず天ないし神として畏敬される対象の内実と、これに向き合う自己のありようから見ていこう。

宇宙の万物を貫通する意志としての天意、神の志は、基本的には、「その方針に従い、その意志に依り、これに悦服して進まばすなわち善人となる。これに逆らう時は悪人となる」ような、あるいはまた「天に従うものは栄え、天に逆らうものは滅ぶ」(著1・一九一―二) ような、善美の調和的秩序をめざす意志であった。いうまでもなく啓蒙の子である植村は、機械的法則に従う物質的自然として客体化された自然界の存在を自覚していた。そして、神の超絶性はしばしば「超自然」[5]という概念によって有限世界と対比された。そうであれば、そうした無機的秩序のもとに置かれた物質的世界は、時には天意とも対立相剋せざるをえないはずである。しかしながら、そうした物質的自然と天意に貫かれた〝生命的宇宙〟との関係を、完結した世界像をめざして論理的に練り上げるなどという課題は、そもそも植村の関与するところではなかった。ともあれ植村にとっての「宇宙」は、ときに天意にもあらがう厳しい物的自然を自覚的に内包するような質のものではなく、基本的には、善美の調和的秩序のもとに置かれた有機的一体の世界であった。

だが、いかに世界が善美をめざす天意に貫かれていようとも、植村の世界における人間は、いうまでもなく己を無にして天意の展開に身を任せうる存在ではない。当然のことながらそれは、キリスト教的人格として自立する個人であり、同時に(あるいはそれ以前に)天にたいして己を自覚する個でもあった。次のような言葉がある。

天我に我を賦す。この個人性を維持し、これを発揚して、天に答うるは人の本分にあらずして何ぞや。(著5・三二三)

各人の「我」はかけがえのない「我」として天から賦与されたものである。ゆえに、その個人性を十全に発揚して生きることは、天にたいする万人の務めである、というのである。植村における個人性の自覚、いうなれば近代的自意識ともいうべきものは、このように天との対峙において自覚されたものでもあったのであり、個としての自己のありようもまた、天のもとにおいて整えられるべきものであったのである。

さて、天とこれに向き合う個としての人間とのかかわりは、道義的な完全性という理想を介しての緊張の関係としてとらえることができよう。その辺の消息についてはさきの小論でやや詳しく論じたので、ここでは本論に必要な範囲で要点のみを述べておく。

植村における人間は、道義的自己完成という厳格主義的な課題を本来的に担う存在であり、天ないし神は、そうした人間の希求に究極的に応ずる存在であった。植村は、宇宙の万物を貫通する意志としての天意は、公義・公正を旨とする力であると信じうるといい、その根源に、道義的自己完成をめざす人間が渇望してやまない「完全なる人格」をみる。人は、こうした天的存在の投影としての道義の念を先在的に賦与されているが、人が人間としての義務の遂行に身を挺しうるのは、万有間に天意が貫通し、善と義は必ず現われるという確信があるからに他ならない。そうでなければ、自己完成のための根源的活力を維持することは不可能だからである。天は「最も完全なる人格」であり、「人の霊性」はここに発現する。そして、この「活きたる至善」としての神の性を人格としての自己のうちに養い育て、天との契合一致という、人としての本来的境涯に到達することが人生の究極目的であり、かつ世界それ自体の展開の方向と合致するものであるというのが、植村の世界に一貫してみられる主張であった。

さて植村にとって宗教とは、そうした神人契合の境地の実現をめざす道であった。彼はいう、「宗教は人間に勝れるものの実在を認め、それと自己との連絡契合を図り、その成立するやこれに歓喜し、これら情操や志に支配せられる生活である」（著５・一四五）。ここには植村が希求しかつ体験的に確認した宗教の意味がほぼ言い尽くされているといえよう。植村は、キリスト教こそが歴史的な「進歩の極致」に達した宗教であるというが、それは植村がキリスト教に、そうした人心の求めに最も的確に応じるものを見いだした故であったのである。

ここにおいて、植村のキリスト教理解の個性を顕著に表わすものとして注目しなければならないのは彼のキリスト観である。植村は、右のようなものとしての宗教が完全に具現した姿を、総体としてのキリスト教そのものにおいてよりもまずナザレ人イエスその人のうちに見た。彼はいう、「キリストは神の子として宗教を完全に体得して居られる。イエス・キリストがすなわち完全なる宗教で、その絶対的権威である。イエス・キリストは完全なる宗教の所有者である。世界はそのもとに往いてこれを学ぶ外、他にその途がないのである」（著５・一三九）。「完全なる宗教」が教会制度や神学、信仰箇条などの中にあると主張するのは誤りである。「キリスト教は文書でない、教会でない、形式でない、キリストの人格とその円満に体得せられた宗教そのものである。それがキリスト教の真髄」（著５・一四〇）なのである。ここには、日本の思想史に特有といわれる「人間信仰」や「実感信仰」を指摘することもできるであろう。では、イエス・キリストに完全な宗教が具現されているとは、どのような意味なのか。

植村は、新約聖書の福音書の伝えるイエス像に、「其の意志、希望」が「神と完全に一致調和」（全一・三四三）した人格、彼のめざす、天意と完全に合一して生きる人間像を見た。「キリストは人間において神の化身したる理想」（著５・一八四）であり、「自らの性格において神を現わ」（著５・八〇）した。植村のいわゆる「最も完全なる人格」はイエスにおいて現実となった。このことは端的に、イエスが「罪のない人」であることを意味するものでもあった。「イエスは元来罪のない人である。その品性は完全である。どこにも欠陥がない。円満な人格である。」福音書の伝えるイエスには、神の前に疚しいところのある様子が全く見られない。人にその罪を説いたイエスにして自身には罪意識が皆無であったことは「実に驚くべき事実」であり、この点から推測しても「主イエスは確かに罪のない人であると断言するを憚らない」(以上、著5・二二三―四)と彼はいう。[6] 植村のキリスト理解にみられるこうした側面は、諸家の植村論ではあまり取り上げられないようであるが、植村におけるキリスト教的救済論の成立にとって不可欠の契機となっていると思われるので、もう少しその内容に立ち入ってみることとしたい。

キリストの〝無罪性〟、品性における完全性はまた、植村にとってイエスの神性の確かな証左でもあった。イエスの生涯は、終始一貫して天意を己が意志とし、天意と一体となって生きた生涯であった。これはまさしくイエスが「神の子」であることの疑う余地のない証である。なぜなら、「霊性の病」としての罪によって天からの隔離を余儀なくされている人間にとっては、そうした境地はただ無限の彼方にのみ期待されるものであり、神にして初めて実現しうる「霊界の奇蹟」だからである。キリストの神性への信仰告白がキリスト教的救済論のかなめであることを明言したことが、植村が日本プロテスタント史の上で正統的福音主義者として位置づけられるゆえんであるが、植村における「キリスト告白」とはこのように、疑う余地のない「明白なる事実」の承認であったのであり、現代人としての我々が予想するように、懐疑や不条理との葛藤の中で人知の限界の彼方からさし示される超絶的啓示の前に絶対帰投する仕方でなされる信仰告白とは、いささか趣を異にするものであったのである。ではこのような存在としてのイエスが人間の宗教的営みにたいしてもつ意味はどのように考えられていたのか。

さきにもふれたように、植村において神と自己との「連絡契合を図」る方向は、人性に内在して至高至善の存在者の意志を反映する機能、植村のいう「道念」の示しに従って生きることに求められた。そして神の子として神人契合という「宗教の極意」を「完全に体得」したイエスは、「すべての時代、すべての国に通用する完全な(人の)模範」(著5・二二三)として道念に活力を与え、その振起を促す。「宗教が人心を感化する勢力の強大なるは、倫理にあらず、教訓にあらず。人格なり。宗教的生活のすべては人格に集中す。人格は最も高尚にして最も剛健なる動機なり、霊能のみ霊能を煥発す。人格のみ人格を建設す。愛のみ愛を創造す。いかに万有に関する高尚なる智識も、……愛情なきもの、いかでか、多恨多情、血あり涙ある人心をして随喜渇仰せしむることを得んや」（著５・七八）なのである。

　ではこのように人格の感化力に押し出されて生きることが、いかにして信仰となりうるのか。ここで植村固有の信仰観を確認しておかねばならない。それは、「信」には「疑わぬこと」と、「まこと」、「欺かぬこと」の二つの意味があるが（『大言海』）、植村では後者を意味しているということである。植村はいう、キリスト教でいう「信仰」には二通りの意味がある。ひとつは神の存在を認めることであり、もうひとつは神への信任の意であって、重要なのは後者のほうである。ただ神は有ると認めるだけなら「悪魔といえども」なしうることである。宗教的生活にとって意味をもつ信とは、朋友同士の信任関係のように、「互に相知り相信じ意気投合して、精神が互に結ばる」（全一・四四七）というふうに、神あるいはキリストに信任することである。まさに信とは「即ち信（まこと）」なのである。信仰とは「即ち神の友となること」（全二・四七四）、「我らが耶蘇と互に知り、知られて、朋友となること」（全二・五〇四）であり、「神の友情に酬ゆる人の誠これを信仰という」（著７・一八七）などという言い方がみられるゆえんである。こうした表現は単なる比喩ではなく、植村の信のあり方そのものを表わすものである。植村にとって「天理人道」は二道ではなく、神あるいはキリストへの信任としての信仰は、本来人倫に属する信任関係の究極的な昇華としてなり立つのである。「実に信仰は貴いものであります。其の理由を言へば、基督を信ずるとは、詰り基督と一つになることである。基督と心を合せるのです。信ずるものと基督との間に、同じ思ひが通ふことになる。じつに貴いことです、信仰に依って我々は基督の思に入り、基督の精神と交はるのです」（全一・四八〇）。こうして「宗教の極意」の体現者キリストに信任し彼と思いを通わせて生きる者には、キリストを通して、神との一致契合という人としての本来性を実現する道が開かれることとなるのである。

三　罪とその赦し

さて、以上のようにみてくる限り、植村の世界を貫くものはきわめて倫理性の強い上昇志向の精神であり、天的な力も、それを希求する厳格主義的な精神のあるところに初めて介入し活動するものであった。だが、天的存在との彼我一体の境地は、決して単に「人類の理想」であるイエスに倣うことでストレートに達せられるものではない。なぜなら、天を畏れる自我には、天の寵を担う者としての自尊の背後に、常に「罪を天に獲たり」という呻きがあるからである。神との一致契合という人としての本来性の実現をめざす者は、ひるがえって自己の現実を顧みるとき、その未完性を自覚し、神と自己との隔絶を意識せざるをえない。これを植村は聖書のいう罪と受けとめる。しかもこの罪の力は植村にとって、人力ではいかんともしがたい束縛、「霊性の病」であった。植村において天が無力となり、否定的に語られるようになるのは、罪の問題が介入するときである。人格を持たぬ天は、人の呻吟にたいして応答しない。「天は理のみ。罪を天に獲れば祈る所なし」(著5・二一七他)なのである。植村は、この罪を究極的に処理する力、すなわち罪を克服しようとする努力に根源的な活力を与える力を、イエス・キリストの生涯と、とりわけ十字架上の贖罪のわざに見た。そこで罪とその赦しに関する植村の理解をめぐって、さきの小論では十分に見通せなかった部分について述べてみたい。

かつてある折に、植村のいう罪は、意識としてはむしろ恥に近いのではないか、という指摘を受けた。ここで思い起こされるのは、土居健郎が『「甘え」の構造』の中で紹介している、恥をめぐるD・ボンヘッファーの次のような言葉である。

恥は人間が根元から離れていることについての口にいい尽せない想起である。それはこの隔離に対する悲しみであり、根元との一致に戻りたいという無力の願望である。……恥は自責よりもっと根元的なのである。(7)

土居はさらに続けて、「これは恥についてのベネディクトの皮相的見解に比し、何とまた深い省察であろう」(8)と述べている。

この、根元からの隔離にたいする悲しみという恥のとらえ方は、まさに、「罪悪は人と神との隔絶である」(著4・三〇五)という植村の罪意識と重なるであろう。罪の結果として苦痛を味わう者は、「己が苦痛などよりも……神と自己との交通が傷つけられたる」こと、すなわち「根元から離れていること」を、「何よりも恐ろしく、悲しく感ずべき筈」(全一・一九七)だからである。

すでに見たように、植村の人間観においては本来的な罪人は存在せず、従ってこの根源的なものからの隔絶は、決して人間の本来的なあり方ではない。だが神人を隔絶させる力そのものは、人力ではいかんともしがたい「霊性の病」「人生の痼疾」であるゆえに、その隔絶は人力では埋めることのできない深淵である。そして、人はそのことを体認しつつもなお根源との一致を渇望せずにいられない。キリスト者植村の最も深い苦悩の理由はここにあった。このジレンマの克服、窮地からの脱出を可能とする力を植村は、神の子の受苦において発現する神の愛に求めた。その消息は以下のごとくである。

「完全なる品性」である神は、善を嘉し悪を憎む神でもある。善を愛したとしても、悪にたいしてはこれを憐れむのみで、「悪を憎み、不義を排斥し、汚れを厭ひ、否な之を憤るの心なき」ものは阿弥陀如来のたぐいであって、

「聖書の神、基督の父」ではない。善悪の別を曖昧にしたままateすべてを包み込む愛は真正の愛ではない。神の愛は「斎潔き愛」、「差別的の愛」なのである。

　このような神の「斎潔き愛」の背後に控えているものは、神の「斎潔き怒り」である。「善を行ふに忠実なるもの」に満足し、これを嘉する神は、「悪に対しては非難し、反抗し、排斥し、慨嘆し、否な憤怒して、其の熱情烈火の如くに燃え、罪人の面を向け難く感ぜずんばあらざるなり」（以上、全二・三五九―六〇）という激しい怒りの神でもある。罪によって「神と隔絶する事」は、「即ち其の怒りに触ること」である。ゆえに、神の愛は罪悪を不問に付したままですべてを赦す愛ではない。信仰者の側にとっては、すべての苦痛、災いにまさって「最も恐るべきもの」は、このような神の怒りに触れることである。そこでは赦罪とは、「罪人と其の罪とに対する神の大いなる反感、恐るべき隔絶を意味するところの其の怒は如何にして之を除き去るを得るべきか」という課題となる。ゆえに、神の怒りの根源である罪悪の力を処理し得ぬかぎり、「如何なる工夫も一時の弥縫に過ぎず、結局は何の役にも立たぬ」（以上、全二・一六九）のである。他界からの絶対的一方的な義認の告知によって魂の平安を享受するというたぐいの信仰は、宗教的生活の実践にとって何の意味も持たないのである。

　神との一致の境地を渇望しつつも、人を根源から引き離す力としての罪を不可避的に負う人間にとって、罪悪はまさに論理的な説明の埒外にある「人生の秘義」（著４・三〇六）である。そして、罪悪が「人生の秘義」であるということは、罪意識というものが、生活の中で日常的に経験される単なる悔恨や自責の念とは異なって、全人としての魂の深みにうごめく、如何ともしがたい背理的な力にたいする呻きの表白であったと言えるのではなかろうか。そして植村において、このようなものとしての罪意識の体認を可能とした基盤は、ここでも天に対峙する自己を土壌として全人的に整えられた厳格主義的なエートスであったのである。

こうした人間存在の背理的な状況を解消し、その本来的なあり方を回復させ得る力は、単なる思弁的な教示や人格的な感化力には求め得ないであろう。根源からの隔離としての罪意識に苦しむ者の求めに真に応じ得る愛は、怒りそのものが愛の発現でもあるという不条理を含む愛でなければならなかった。そして植村は、神の子イエス・キリストの受苦と死に、そうした人心の求めに究極的に応じ得る神の愛の発現を見た。キリストの十字架上の死の意味は次の言葉に集約される。

> 神は愛なり。斎潔き愛なり。彼は人類を罪悪のままに放棄すること能はず。其の滅びんとするを自己の損失として、切に悲しむところの父なり。彼は其の限りなき斎潔き愛より人を救ふの道を開き、自ら人類の罪の重荷を背負い、己が独り子を以て、其の十字架の死に由りて、之を救はれたり。（全二一・三六八）

この説き方は、一見きわめて正統的な、これといった特徴を指摘しがたい、福音主義的信仰の〝模範的〟な表現にすぎないと受けとられるかもしれない。しかしながら、以上に見てきたような植村の世界への理解をふまえて読むならば、罪の赦しをめぐるこの正統的な教説は、まさに植村の個性と魂の希求から押しだされたものであることを、明白に読みとることができるであろう。キリストは、罪の桎梏に喘ぐ人類への深い愛の共感から、人類に代わってその罪を負い、十字架上の受苦によって神の怒りを引き受けた。これこそ「道義の極致、宗教の奥義」（全二一・三六九）であり、神を真に歓喜させその怒りを解く「美はしき祭り」であって、「罪を天に獲たる者彼等自身が、神に献ぐることを得ざりし斎潔き祭物（そなへもの）は、見事耶蘇に由りて献げられた」（全二一・三六六）のである。イエス・キリストが人類に代わることによって、人類は己が罪のために神に献げるべき祭りをイエスにおいて献げた。かくして背理的状況に置かれた人類の果たすべき「特殊なる道義」は、イエスとその十字架において余すところなくなし遂げられた。「人類は其の本体なる耶蘇基督に於て罪滅しの一大事を結了」（全二一・三六九）したのである。このイエスに全幅の信任を置くとき、人の罪の赦しはすでに成就されている。そして、罪が処理された事実への感泣が神人契合の境地に至るための根源的な活力となる。ここに、怒りを内包する神の背理的な愛が、神自身の受苦という秘儀的な出来事をとおして貫徹されるのである。

おわりに

かつて相良亨氏は、キリストが〝武士植村〟を魅了したゆえんはどこにあったのであろうかという筆者の問いにたいして、「十字架」ではないかと思うと答えられ、さらに、しかしそれでは倫理のレベルのことになるが、とつけ加えられた。武士における「死の覚悟」は「十字架」との共鳴盤となり得るという意味であろうと思われた。もちろん植村における十字架は、武士的な死の覚悟に尽きるものではないであろう。しかしながら、キリストが人類の罪を引き受け、その滅しのために潔く苦痛を負ったという理解は、深い意味での倫理性に照応するものであり、そのキリストの姿に植村が武士的なエートスを感じ取ったと想像することも、不可能ではないと思われる。

植村のキリスト教世界は、伝来のエートスを土台とした「霊性上の渇望」に応じ、これを満たす仕方において構築された。それゆえその世界は、伝統的なものの影を随所に色濃くとどめており、その救済論を構成する諸契機の理解の仕方も、果たして聖書の原意に沿うものであるか否かが疑問に思われるものも少なくない。（そもそも植村の思想化の方法は、聖書の教示の意味を確認することから出発するというよりも、聖書を人生論風に読んでいくことを特徴としており、この点でも内村の場合と対照をなしている。）しかしながらそうした独自の経路を通りながらも植村は、神の子イエス・キリストの十字架による罪の赦しに神の愛の発現をみるという、キリスト教信仰の根幹を明確に主体化した。そうであれば、植村が自らの経験的基盤から開いた独自の世界は、日本キリスト教史が世界のキリスト教史に寄与したひとつの新しい創造であるといい得るであろう。

以上で、冒頭に提起した課題の考察は、ほぼなし得たと考える。

〈注〉

（1）鵜沼裕子『近代日本のキリスト教思想家たち』、日本基督教団出版局、一九八八年、所収。

（2）内村における「天」としてまず思い浮かぶのは、『代表的日本人』の西郷隆盛についての章で、西郷の「敬天愛人」をキリスト教の神への愛、人への愛と結びつけているところであろう。また内村が、「自然」の代わりに「天然」の語を用いていることも、かれの自然観を解き明かす上で重要なポイントであるので、内村に「天」の観念がなかったというのは適切ではないであろう。しかし内村の場合は、神と天との間にはワン・クッションが置かれており、植村の場合のように両者がないまぜとなって用いられることはないように思われる。

（3）とりわけ陽明学における天の観念が、キリスト教的唯一神信仰の受容に道を備えたとされる。たとえば、隅谷三喜男『近代日本の形成とキリスト教』、新教出版社、一九六一年、二六―八頁。

（4）当該箇所は、明治の翻訳委員会訳によれば、「なんぢら召されし召に符て行はんことを」となっている。

（5）ネイチュアの翻訳語として「自然」という言葉が用いられるようになったのは、明治三十年代以降であるという（相良亨『日本人の心と出会う』、花伝社、一九九八年、二四頁参照）。植村も、たとえば初期の作品『真理一斑』などでは、「超理的」という言葉を用いている。

（6）こうした植村のキリスト観を現代の聖書学に照らしてその当否を論じることは本論の課題ではない。ここではさしあたり、植村にとってイエスがそのような存在であったことを確認すれば足りる。

（7）・（8）土居健郎『「甘え」の構造』、弘文堂、一九七一年、五七―八頁。

第二章　内村鑑三における宗教的寛容について

はじめに

本章では、内村鑑三（一八六一―一九三〇）の宗教的寛容のあり方を取り上げるが、はじめにこのテーマにたいする筆者の関心の所在、ないし問題意識について一言述べておきたい。

一般に私たち日本人は、宗教に関してきわめて〝寛容〟であるといわれる。その証左としてしばしば引き合いに出されるのが、日本社会における多宗教の混在という現象、さらには、同一人が複数の宗教行事にかかわるというあり方である。朝日新聞世論調査室の調査[1]によれば、「日本では、同じ人がお宮参りやお彼岸、クリスマスなど、いろいろな宗教的行事に加わることが多いようです。これは、宗教上おかしいと思いますか、そうは思いませんか」という質問にたいして、七七％の人が「そうは思わない」と答えている。かつて筆者が教えている大学の学生たちに同じ質問をしてみたところ、ほぼ同じ割合の学生が同様の答えをしたが、中には、そもそもなぜそんなことが問題になるのかわからない、という反応を示した学生も少なくなかった。（ちなみにこの大学はキリスト教主義の大学である。）思うに宗教へのこうしたかかわり方は、日本人が日ごろ慣れ親しんでいるごく自然な光景であるのに、こうした問いかけは、宗教というものにたいしてこれとは全く異なる態度もあり得ることを前提として、自分たちが日ごろほとんど無自覚に立っている宗教的地平そのものを問いにさらすことを意味する。そうであれば、自分たちが置かれている宗教的環境以外の光景にはほとんど無関心な人々が、こうした問いの前に戸惑いを覚えるのはきわめて当然のことではなかろうか。

ところでこのような宗教的態度として現われる宗教心とは、一体どのようなものと考えたらよいのだろうか。さきの調査によれば、「いま、あなたが信仰している宗教がありますか」という質問には、六二%の人が「信仰する宗教はない」と答えている。しかし現実には、毎年正月には驚くべき数にのぼる人々が初詣に出かけているし、普段でも何らかの機会に神社仏閣を訪れる人は相当な数にのぼるものと思われる。こうした慣習の背後にある〝宗教心〟が、いわゆる狭義の宗教のそれ、すなわち、特定の信仰対象や教義への自覚的な帰依にもとづく信仰とは異なるものであることは明らかだが、そうかといって、これは宗教心とは無縁の単なる習俗に過ぎないと言いきることもできないであろう。こうした慣習を当然のこととして受け入れているわれわれ自身、改めてその意味を問われると答えに窮するのではなかろうか。

いま、日本人の宗教観の特質を問うのが本章の目的ではないし、またそれについて論じるのは私の力の及ぶところではないが、本章の論旨に必要な範囲内で一言触れておきたい。湯浅泰雄は「日本人の罪のとらえ方[2]」と題する論考で、日本人にとって個人の生涯を支配する幸不幸は、彼の生き方の倫理性によってではなく見えない運命の諸力によって決定されるものと受けとめられており、そうした見えざる運命的諸力への対応策として発達したのが密教の儀礼形式であるとし、「人間の理性的判断や倫理的規範の及び得ない神秘の一端に辛うじてふれることによって小さな安心をえようとするのが、日本の庶民の変わらないエートスなのです」としている。この指摘は、単に密教儀礼に限らず、日本人の信仰心の底流にあるといわれる祖霊崇拝を初めとして、われわれの日常生活の隅々に浸透しているあらゆる宗教的慣習のもつ意味を鮮やかに説き明かしているように思われる。一般の日本人が日常ほとんど無意識のうちに行なっているさまざまの宗教的行為の心理的契機は、ほとんどすべてこのように説明できるのではなかろうか。同じ人がお宮参りやお彼岸、クリスマスなど異なる宗教の諸行事にかかわることを「おかしいと思わない」という態度も、こうした心性を前提とするとよく理解できるのである。

このように言えるとすれば、(ファッション化? したキリスト教の諸行事は別としても)宮参りの慣習も彼岸や盆の諸行事も、あるいは地鎮祭や合格祈願も、「小さな安心」を得るための手段としてはすべて同質の意義をもつのであり、その「神秘」の彼方にあるものが何であるかということは、そこでは問題ではないのである。従って、仮にこのような態度を「寛容」と呼ぶとしても、それは、特定の宗教に絶対的にかかわりつつ、自らの信仰的立場と異なる生き方を「許容する」、「忍ぶ」(tolerate)という意味での「寛容」ではない。特定の宗教にのみ専一的にかかわろうとする立場からすれば、それは単に「神秘」の根源や、それにもとづく教義体系や宗教組織がどのようなものであるかが問題にならないことに由来する〝けじめのなさ〟にすぎない、ということになるであろう。ここには、そもそも自己と異なる立場の存在を前提とし、それらを「許容」し「耐え」つつそれらとの共存を目指すという意味での「寛容」が求められる場面は存在しないのである。

さて本論の主題は、ひとつの宗教にのみ絶対的にかかわる立場での「寛容」を問うことにある。キリスト教は、聖書において啓示される神にのみ専一にかかわることを要請する宗教である。それは言うまでもなく聖書の神が、「あなたはわたしのほかに、なにものをも神としてはならない」(旧約聖書・「出エジプト記」第二〇章三節)という独占的な忠誠を要求する神であり、キリスト教がそうした神への信仰告白を究極の存立基盤とする宗教であることによる。それればかりでなくキリスト教は、「全世界に出て行って、すべての造られたものに福音を宣べ伝えよ」(新約聖書・「マルコによる福音書」第一六章一五節) というイエスの言葉にもとづいて、この神への信仰告白へと人々をいざなうこと—伝道—を、全信徒に神から課せられた信仰的使命と受けとめる宗教である。

このような宗教を選びとった者にとって、信仰的立場を異にする人々とのかかわりはどうなるのであろうか。もしも彼が自らの信仰的立場を素朴かつ無批判に絶対化して他者に接しようとすれば、それは〃異教〃にたいする独善的強圧的な折伏行為となり、時には宗教戦争にもつながりかねないであろう。だが、多様な宗教的立場をそれぞれに容認しつつそれらとの共存の道を探ろうとするなら、自らの立場の相対性を少なくとも実践的には認めねばならない。キリスト者としては、究極的には神の国の超越的な顕現に望みを託すとしても、現実にはさまざまな宗教的立場、多様な価値観に立つ人々と共に生きねばならぬ以上、それらの人々といかにして真の人格的な交わりの中に共存、協同していくかという問いを避けることはできないであろう。

いうまでもなく現実にはわれわれは、信仰や価値観を異にする人々とも互いの立場を敬いつつ共に生きることが可能であり、実際に宗教戦争につながるような場面が生じることは稀である。それどころかむしろ、立場は異なってもそれぞれの確信に誠実に生きる者同士のほうが、互いに他者の生き方を畏敬をもって受け入れることができるのではなかろうか。だがもし人が心中ひそかに、自らの立場こそが真理の唯一の台座であるという独善的な確信に支えられているとしたらどうであろうか。そこでは、成熟した個人としての社交上の節度と知恵をもって、他者にたいして相応の敬意を払いつつ接することは可能であっても、それは真に他者の立場を認めた上での人格的な交わりとはなり得ないであろう。そこでは彼にとっての他者は、いずれは折伏されるべき非キリスト者であるか、さもなければ死すべき〃異教徒〃にすぎないからである。一体われわれにとって、自らの信じるところに絶対的にかかわりつつ、しかも真に他者を認め、敬意をもってこれと交わることはいかにして可能であろうか。

内村鑑三は、その信仰や思想、行動において、他者にたいしてきわめて狭量であったが、にもかかわらず（あるいはむしろ、狭量であったがゆえに、と言ったほうがよいかもしれない）、近代日本のキリスト者の中で「寛容」の問題と自覚的に取り組んだ数少ない人物のひとりである。内村自身の生き方はキリスト教的唯一神への信仰告白――それもきわめて正統的な――に不動の基礎を置いていたが、同時に彼は、自己のそれとは異なる教派的主張や、時には他宗教の信仰をさえも畏敬をもって容認した。彼はいう、「真の寛大とは、自分自身の信仰に不動の確信をいだきつつ、しかもすべての正直な信仰を容れ、且つ忍ぶことであると思う」（『内村鑑三信仰著作全集2』九二頁、以下、信2・九二と略記）。彼は、自らの信仰にたいする不動の確信とともに、「おのれと信仰を異にする者を真実に尊敬するの心」（信24・三〇八）をもつことをめざした。確信と寛容との、こうしたいささか荒削りともいえる結合の背後には、どのような精神の葛藤や緊張があったのだろうか。またその結合を可能とした精神のありようは、どのようなものであったのか。信仰的確信と寛容をめぐる内村の言葉は、残された言語としては必ずしも豊富とはいえないが、この問題は内村の信仰の根本に触れるものであると思われるので、それらを吟味することをとおして内村の寛容の内実を探ろうとするのが本章の意図である。このことはまた、価値観の多様化する現代にあって、自己の信じるところに誠実に、しかも他者との真の交わりの中に生きようとする者にとって、貴重な示唆となるであろうと考えるからである。

一　「絶対的宗教」としてのキリスト教

内村鑑三にとって、キリスト教は文字どおり「絶対的宗教」であった。彼がキリスト教について語る言葉は、すべてキリスト教の他宗教にたいする絶対的優位性を主張して譲らぬものばかりである。「世にもし純然たる霊的宗教ありとすれば、それは、新約聖書が伝うるキリスト教を除いて他にないのである」。「宗教の何たるかは、イエスを知らずしてはわからない」（信14・一五）。こうした言葉は枚挙にいとまがないが、時には彼は、「二十世紀の人として普通もののわかる人は、それよりほかの宗教を信ずることはできないはずです」（信14・一九）とまで極言する。

しかし同時に内村は、他の信仰にたいして次のような姿勢をもっていた。「人に、信仰と共に寛容がなくてはなりません。寛容は、他の信仰をゆるすの心であります。他に臨むに、自分の信仰をもってし、『あなたは私が信ずるがごとくに信じなければならない』と言わないことであります。他の信仰を尊敬してのみ、自分の信仰を固く守ることができます」（信16・八五）。またあるときはさらに一歩踏み込んで、「信仰の対象物をキリストに取るも、阿弥陀仏に取るも、各人の自由である」（信14・三七）とか「信仰をその根本に探求（もと）めて、仏教、キリスト教の差別あるなし。正統、異端の区分あるなし」（信16・一三三）などというような、正統的なキリスト教信仰の立場からみればかなり〝きわどい〟とも言える発言さえ見られるのである。こうした二、三の断片的な引用だけからも、内村の精神は、自らの信仰対象に絶対的に帰依しつつも、同時に異なる信仰への一種の〝柔軟性〟を内包しており、決して単一の一枚岩のような〝真理〟によって武装された世界をめざすものではなかったことが知られる。まずこうした発言の背景にある彼の宗教観から見ていこう。

今引用した他宗教に関する内村の言葉は、一見するとキリスト教にのみ絶対的にかかわった者の発言としては意外に思われるであろう。その前後の文脈はこうである。

　宗教とは……、わが内に永久的実在者を迎えて、そこに内的生命を営むことであれば、伝道といい布教というは、人にかかる実在者を紹介して、各自をして、その内心において、物を離れ、世に超越したる生命を営ましむることである。……伝道は内的生命の供給である。そうして生命は、儀式でもなければ、宗義でもなければ、教会、寺院などと、となえらるるこの世の勢力団体でもない。生命は生命である。人のこれにいかなる名を付するとも、そはその人の勝手である。真の宗教家は名をもって争わない。……信仰の対象物をキリストに取るも、阿弥陀仏に取るも、各人の自由である。要は、その営む内的生命の確実、旺盛ならんことである。……もし仏教にしてかかる生命を起こさしむるに足るならば、仏教もとより可なりである。神道にしてその宗教的使命を果たすに足るならば神道もとより可なりである。……（信14・三七）

宗教とは自己の魂の深奥に永遠の実在者を迎え入れ、それによって内的生命を活動させることである。従って、内的生命を活性化させる力をもつものであれば、仏教であれ神道であれ、これを良しとする、というのである。一般に内村の言葉は、論理や思弁をことととせず、その時々の強調点の置き所に従って自在に語られるところがあるので、そうした内村の話法の特色を知る者は、こうした文章も内村の思想全体の文脈の中で理解し、これをもって直ちに内村が諸宗教の併存やキリスト教の相対性を認めていたことの証左とはしないであろう。しかしそうはいっても、キリスト教の絶対的真理性に固執する立場からみれば、これはかなり〝大胆な〟発言と言わざるをえない。それはともかく、内村の寛容の思想は、まずこうした彼の宗教観とのつながりから読んでいくことが必要であろう。

内村の宗教的寛容の思想をこの観点から解き明かしたものに、宗正孝の論文「内村鑑三の信仰の構造―宗教的寛容について―[3]」がある。宗によれば、内村は宗教の本質を『内的生命』の充実と、それが実生活の中にもたらす実際的効果」に見たが、このことは、教義や制度を第二義的なものとみる彼の無教会的発想につながるとともに、他宗教や他宗派にたいする寛容の姿勢を生んだ。宗教とはひとの「内的生命」を横溢させる力であり、内村にとって重要なことは、それぞれの宗教が信じる者にいかに生き生きとした生命を与え得るかにあった。しかも、信仰における「実験」と「事実」を重んじる内村にとっては、「内的生命」も個人の「実験」を通してのみ知り得るので、同一の真理、同じ絶対的なものも、信じる人の多様性に応じて異なる形をとって現われることになり、そこには当然の帰結として「他者の信仰を根本的に容認するという姿勢」が出てくるのである。

宗の論文は、内村の宗教観と寛容の思想との内的な構造連関を鮮やかに解き明かすとともに、彼の寛容の思想がある意味で日本の宗教観にみられる寛容主義とも重なるところがあることを示唆していて興味深い。こうした性格の寛容主義は、内村の信仰における「実験」というもののもつ重みを括弧に入れてその論理構造だけをすくい上げるなら、そこには、「わけ登る麓の道は多けれど同じ高嶺の月を見るかな」という古歌のあらわす、日本的宗教観にも通じるものがあると言えるであろう。宗も、そうした意味で内村においては、「例えばキリスト者と仏教徒が真の意味で宗旨を異にするかどうかは判別できないという最終的な留保は常に残されることになる」と述べている。

だが内村にこうした一面があることを認めつつも、なお、われわれが内村の信仰の本質と考えるものは、あくまでも右の古歌のもつ包容性や落ちつきとは正反対の厳しさ、狭隘さであろう。和辻哲郎によれば、日本人にとって究極的なものは「不定」そのものであり、知られるのはただ究極的なものの「通路」にすぎないのであるが、内村にとっては究極的なものは明白であり、他宗への包容的な言説の背後には、常に唯一神への厳しい信仰告白が控えているからである。

多様な宗教を容認する態度を支えるもうひとつの考え方は、ある宗教の普遍的真理性に関する議論は留保して、自己自身はその宗教を「選びとる」というものである。あるいはさらに一歩を進めて言えば、ある宗教の教義をドグマであると割りきりつつ、なお自己の全存在をそのドグマに「賭ける」という生き方である。人間にとって「絶対に正しい」と言い得ることがあるとすれば、それは信じる信じない以前の問題であるから、そこには「賭ける」という姿勢は出てこない。「ドグマ」であると認めればこそ、自分にとっては絶対の真実であるとして、あえてこれに全存在を賭けるのである。ただし、その真理はあくまでも自分にとっての真理であり、すべての人にとっての絶対的真理であると主張することは控えるのである。[4]

この立場は、諸宗教のそれぞれの固有性、独自性が保たれるという意味で、諸宗教のめざすものは究極的には一つであるという、さきの日本的寛容主義とは根本的に異なるであろう。その意味で、キリスト教を自らにとっての「絶対的宗教」と受けとめてこれにすべてを賭ける内村の態度は、第一の立場よりもむしろこの方に近いというべきであろう。宗正孝も、内村においてキリスト教の優位性は、他者にとってもそうあるべきものと考えられていたのか、それともそれはあくまでも内村個人にとってのことであったのかという問いに関しては、内村自身はキリスト教のみが信じるに足る宗教であるとは言わないが、「彼はまさに自分にとってキリスト教を選び取るのである」(傍点引用者)としている。

だがこうした面を認めながらも、なおわれわれは内村の信仰的態度をこうした相対主義と同一視することはできないであろう。自らの選びとった信仰を「ドグマ」と割りきりつつこれにコミットするという生き方は、自らの世界のみで完結する世界であり、他の信仰的立場は自分にとっていわば無関係なのであって、そこでは自らの選びとった「ドグマ」が他宗教と根源的なかかわりに入ることはあり得ない。だが内村にとってのキリスト教は、自らの「選びとった」宗教でありつつなお「絶対的宗教」、「宇宙唯一の宗教」なのであり、異なる信仰的立場を必然的に自己とのかかわりに巻き込まざるをえないのである。相対主義の立場では信仰を異にする他者の存在やその生き方は、自己にとって本質的には〝どうでもよい〟ことである。従って他者との関係は、いわば〝無関心の共存〟であって、ここにも他の信仰的立場を「耐える」、「忍ぶ」という意味での寛容の問題は生じないであろう。このように内村の信仰の世界は、ともに〝寛容〟の姿勢を可能とする日本的寛容主義や相対主義的宗教観と重なり合う性格を有しながらも、なおこれらのいずれによってもおおい尽くすことのできない部分をもつのである。

二　他者への姿勢

ここで寛容をめぐる内村自身の言葉に聴こう。第一は、「寛容の精神は他人の信仰を尊敬するにある」という言葉である。これは、「異教徒」の信仰を無視した米国流の強引な宣教への批判の中で語られた言葉である。米国人は、「他人の信仰を毀つことを、いたって易きことと思い、人をして父祖の宗教を捨てしめて、大なる勝利を得たるかのごとくに」感じる。彼らは「すべての宗教のはなはだ神聖なる」ことを知らず、「他人の信仰の密室に乱入して、これを蹂躪しながら、あえて大なる無礼を犯したとは思わない」（以上、信24・三〇七―三〇八）。

他者の聖域が尊重されねばならないのは、内村が一般に宗教の根本義を、信じる者にとって「絶対的」であることに見ていたことによる。彼はいう、「宗教は絶対的である。相対的ではない。『なんじ、心を尽くし、精神を尽くし、意を尽くして、主なるなんじの神を愛すべし』というのが宗教である。狭隘ならんことを恐れ、広量ならんことを欲して、右顧左眄、ただ円満ならんことをこれ求むるものは宗教ではない。世界大宗教の一なるごとき顧みるに及ばない。もし絶対的宗教を発見し得ずんば、信ぜざるに如かず」（信14・七一）。ここで「キリスト教は」と言わず、「宗教は絶対的である」と書き出されていることに注目したい。次のような言葉もある。「実に宗教なるものはいずれも絶対的のものでありまして、われよりほかに真理ありと唱うるものは実は宗教ではないのであります」（信16・二六二）。いずれの宗教も、それが宗教と称しうるゆえんはその「自尊性」にある。それは、キリスト教の福音がキリスト教徒にとって絶対的であるのと同様な意味で、他宗教の場合もその信仰体系は、これを信じる者にとって絶対的であるということである。いずれの信仰者にとってもその信仰の領域は神聖である。そうであれば、それは他者が軽々に侵すべきものではない。他者の聖域にたいして共感的理解をもてぬ者には霊界にかかわる人としての資格はないのである。

他者の聖域を認めこれを尊重することはまた、それによって自己の聖域を守ることでもあった。『基督信徒の慰』によれば、不敬事件後に教会から「危険なる異端者」として「捨てられ」た内村は、かつて自分が他人をさばいたように「さばかれた」と感じた。いずれの立場も絶対的であるところでは、自己の聖域は他人の聖域を容認することと引きかえに守られる。「他の信仰を尊敬してのみ、自分の信仰を固く守ることができ」（信16・八五）るのである。

内村の寛容はこのように、ともに「絶対的宗教」にかかわる者同士が、互いに他者の立場を共感をもって受け入れ、敬うところになり立つ。それは、「他に臨むに、自分の信仰をもってし、『あなたは私が信ずるがごとくに信じなければならない』と言わないこと」（同前）であり、この態度が、信じる者をして互いに「絶対的宗教」のもつ攻撃性に陥ることを踏み止どまらせるのである。

相良亨は、この「他者を敬う」姿勢が深く日本思想史の流れに根ざすものであり、内村の寛容の精神もその心性を汲み上げてなり立ったものであることを指摘している。相良は戦国武将の生きざまを起点として武士の人倫観を考察し、その特質を、自らを尊敬に値する武士に鍛え上げるとともに他者（敵）を敬してこれと対峙するところに見いだし、これを「対峙的人倫観」と名づけた。そして、明治期の諸思想家が西欧の近代的人間観を受容したさい、この「対峙的人間観」によって育まれた武士の「独立の精神」が、さまざまな仕方でその受け皿、素地を用意したことを説き明かしているが、その中で、内村の宗教的寛容の思想は、武士の精神の結晶である「人は人たり、我は我たり」をふまえたものであると指摘している。[5] 相良によれば、武士の伝統精神は、「人は人たり、我は我たり」という、自他それぞれの独立性を尊ぶ姿勢を育んだ。「爾は爾たり、我は我たり」は、もとは『孟子』の柳下恵の言葉であるが、これが幕末の思想家佐藤一斎や吉田松陰らによってそれぞれ独自にとらえかえされ、近代に至って福沢諭吉の『福翁自伝』にも現われ、彼の主張する近代的な独立の精神に流れ込んでいるとされている。

次いで「「人は人たり、我は我たり」という考え方を思想的にもっとも実りあるものとして示したのは内村鑑三である」として、彼が、自らは真理の一隅を占めるにすぎない者であるとの認識から諸教派や諸宗教のそれぞれの存在意義を認め、自らは「わが宗教をもって充ち足れる者」であるとしたのは、「敵といえども」「尊敬する寛容の精神」、「人は人たり、我は我たり」という武士の伝統精神が結実したものであるとしている。われわれは、内村において宗教的寛容の姿勢が、深く日本の伝統精神から養分を汲み上げつつ独自の仕方で整えられたことに注目したいと思う。（周知のように、寛容の精神は西欧近代国家における基本理念のひとつであり、ピューリタン運動によって生み出されたものとされている。しかし内村には、寛容の問題を政治レベルのこととして考えるという意識はなかったようである。例えば、現代的関心からは当然宗教的寛容にかかわる問題になると思われる「不敬事件」や

「教育と宗教の衝突」事件なども、寛容とのかかわりから考えられたふしはない。彼は、アメリカ人は寛容を政治的に解するにとどまって信仰的に受けとめていないと非難しており、政治的な意味での寛容は、寛容の皮相的な理解にすぎないと考えていたようである。その意味でも内村における寛容の問題は、いわゆる西欧近代国家の基本理念としての寛容とは別種の問題であって、その射程は全く別のところにあったといえよう。)

三 「絶対的宗教」と寛容

さて、相良の指摘を興味深く受けとめつつも、われわれは武士の伝統精神を継ぐという「一隅に立つ」姿勢と内村の宗教的寛容との間には、なお重大な隔たりがあると言わざるをえない。内村の「一隅に立つ」姿勢を表わすものとして相良は、『余は如何にして基督信徒となりし乎』から次の一節を引いている。

知恵の無限の土台岩全部の上に位置を占め、またそれを占拠するには、人はあまりにも限られた者である。人のなし得ることは、この岩の小さな一隅に身を置くことのみ。その一隅にさえ取りつけば、直ちに落ちついて安らかになることができる。この岩はそれほど強いのだ。これが、異なる教派の存在していること、またその一つ一つが成功していることの説明である。(信2・九八―九)

ここには、「独立を強調しつつ、一方にそれが一隅一角に立つに過ぎないことを認め、しかもそこに絶対にふれた安らぎがある」という姿勢がみられるという。さらに、右の文章はキリスト教内の諸教派について述べたものであるが、内村のこの考え方はキリスト教の枠を越えていくものであるとし、内村が仏教の慈善事業に協力したことを人々から批判されたときに、これは仏教に屈服したのではなく、「ただ誠実をもって自己の信仰を実にせんとする者」は、敵といえども「尊敬する寛容の精神」を持たなければならないと言ったことをあげて、「わが信仰を確信固持するとともに、敵といえども誠実たることにおいて尊敬すべきなのである。これが内村の『一隅』に立つ意識であり、『他は他たり、われはわれたり』の意識である」としている。(6)

だが内村の「一隅に立つ」姿勢は、果たして真に「キリスト教の枠」をも越えるものであっただろうか。キリスト教を絶対的宗教としてひたすらその神とのみ「対峙」した内村の心は、キリスト教内の諸派はともかく、果たして他宗教にも「安らぎ」をもって接し得たであろうか。たとえば旧約聖書のモーセの十戒の第一戒、「なんじわが顔の前にわれのほか何ものをも神とすべからず」(「出エジプト記」第二〇章第三節)の注解文(『内村鑑三聖書註解全集第二巻』)の中で内村は、モーセが「彼(エホバ)のみが宇宙における唯一の真の神なり」と叫んだとき、「イスラエルは一躍して大思想に接したのである」(同一一八)と述べ、彼らが歴史を通してひたすらこの戒めを遵守したことを称える。内村にとって、「唯一の真の神」はあくまでも聖書の神のみであった。思うに、武士の場合は自己の生き方をいささかも他に譲ることなしに他者を敬うことが可能であろう。なぜなら彼らは、互いにこの一点を譲れば自己の存在基盤そのものが崩壊するという「絶対」を持つわけではない。のみならず彼らは、たとえ現実の秩序、人間関係においては敵同士であっても、いずれも武将としての理想をめざすことにおいては同一の地平に立つ者同士であると言えるのではなかろうか。だが、「われのほか何ものをも神とすべからず」と命じる神への信に純一になることに信仰者の本来の姿を見る者にとっては、「敵」の立場を認めることは、時に自らの存在基盤そのものをゆるがすことにもなるのではなかろうか。そこでは、「一隅に立つ」意識だけでは真の安らぎには達し得ないであろう。たとえそのように表白されたとしても、そこには容易ならぬ精神の葛藤、緊張があるはずである。内村は、寛容とは「おのれと信仰を異にするものを真実に尊敬するの心」(信24・三〇八)であると同時に、「すべての正直な信仰を容れかつ忍ぶ（原語はforbearance）こと」（信2・九二）であると言う。信仰を異にする他者を容認することは、異なる絶対的宗教を存在基盤とする生き方を認めることである。それゆえ寛容は、他者を単に敬して受け入れるだけでなく、同時に「忍ぶ」ことでもなければならないのである。

すでに内村の寛容が、いわゆる多元主義的宗教観や日本的相対主義とは内容的に異なるものであることを見た。内村にとって、キリスト教の唯一神に絶対的にかかわることも、他宗教や他宗派の絶対性を容認することも、いずれも抜きさしならぬ真実の態度であった。このふたつの姿勢には、おそらく論理的な統合の道はありえないだろう。だがそのことは決して、内村がこの問題を棚上げにしたことを意味しない。

すでに触れたように、内村にとって宗教問題は常に実践問題であり、思弁的論理や形而上学の世界の問題ではなかった。宗教の真価はそれがいかに人を生かすかによって測られるのであり、静的な論理体系としての完璧さにあるのではない。内村にとってある宗教に帰依するということは、その教義体系を承認し受け入れることではなく、そこに生の基盤を置き、そこから活力を得て生きることを意味した。宗教の価値の指標はまさに「事実」と「実験」のもつ力なのである。したがって「他人の信仰を尊敬する」とは、他の真理体系を認めることではなく、そこに絶対帰投して生きる他者の姿勢、あるいは、その宗教が真にその人を生かしているという「事実」にたいして敬意を払うということである。およそ宗教一般について、その知的論理の上での完全性や教理の普遍妥当的真理性を問うことは内村の関心事ではなかった。キリスト教に関していえば、それは「人を不滅たらしめるの道」を伝えるのであり、「形而上学的の不滅」を伝えるものではないからである。

内村が宗教の「形而上学的」真理性を問わないのは、第一にはそれが人を生かすことに無力であり、宗教の根本義とは無関係であると考えるからであるが、それとともにそこには、「人間の力弱きこと」への自覚が働いていた。

「真理」は「富士山の壮大なるがごとく大」であり、一方からその全貌を見通すことはできない。駿河から見る富士と甲斐から見る富士は、それぞれ形が異なるが、駿河の人が甲斐の人に向かって「なんじの富士は偽りの富士なり」と言い得ようか。「世界に宗教の多き理由」と「同一宗教内に宗派の多き理由」を内村はこのような比喩をもって説明する。神の目を持たぬ人間は真理の全体像を俯瞰することはできず、各人の目に映る真理像は特定の視点からのものでしかありえない。「真理の全体を会得し得る者」は「全能の神のみ」である。たとえ究極的かつ普遍的真理が開示されたとしても、それへの各人のかかわり方は特殊であり多様であって、唯一絶対ではありえない。ゆえに何人も自らのかかわり方の絶対性を主張することは留保せねばならない、ということであろう。それゆえ、「人間の力弱きことと、真理の無限無窮なることを知る人は、思想のために他人を迫害」することはない。それは「おのれを神と同一視する者」であり、「傲慢」という「悪魔の捕虜となりし者」だからである（以上、信1・三四）。自分の信仰をもって他に迫り、「あなたは、かく信じなければならぬ」とか、「かく信ずべきはずである」（信16・八六）などと言うことは、自己の信のあり方を絶対化してその受容を他に迫ることであり、他者の聖域にたいする冒瀆である。そこに出現するのは硬直した教条主義同士の衝突、互いに磐石の力を背にしていると信じつつ他者に迫る「神々の争い」でしかないであろう。

さて、内村のいう「人間の力弱きこと」の自覚とは、これまで見てきた内村の内面世界のあり方からして、当然、認識論的な意味合いでの人間の有限性ということではない。それは、神への「反逆」としての罪によって神からの断絶を余儀なくされている、人間存在そのものの弱さである。罪人であることを存在の不可避的な条件と受けとめる者が、「霊界」と対座するときに覚える有限性の自覚であるといえようか。そこでは、「真理の無限無窮なることを知る」ほど、すなわち「霊界」の領域の深さを知れば知るほど、「霊界」と自己との懸隔感は深まっていくのではなかろうか。そうであれば、「霊界」の内容をロゴス化することは、「力弱き」人間の手で「無限無窮」の領域を限定することである。いわんやそのロゴス化されたものを他者に強いることは、他者の他者性を踏みにじる行為以外の何物でもないであろう。こうして寛容は、単に現実の人間関係における望ましい態度であるに止まらず、まさに、「絶対的宗教の特質」であり、そのなり立ちにとって不可欠の要素となるのである。

こうして信仰者たる者は、拒絶と寛容という相反する態度を、いずれも真実のものとして引き受けることとなる。「世にもし絶対的に拒絶的のもの」があるとすればそれは「真理でなくては」ならないし、「また世に最も寛大なるものがあれば、これもまた真理でなくては」ならないからである（以上、信16・二六二）。この拒絶と寛容という相反する姿勢の間には、論理的な統合の道はありえないだろう。だがそのことは内村にとって、これを解決不可能な課題として棚上げにすることを意味しない。人はその解決の道を現実に見いだすことはできないが、信仰者としてはその究極の解決の時を超越の力に委ねて「待つ」のである。「信者はすべて自分の信仰を固く守り、他の信仰を尊敬し、世が自分の信仰を受くるまで、謙遜して、忍耐して、待つべき」（信16・八六）なのである。その時とは内村にとって、万物の完成、救いの成就の時としての再臨の時であろう。彼はいう、「まことに再臨の信仰は宗派を超越せしむるのである。余は宗派に属する人に向かって、これを脱せよとは一言も勧めない。そのままにて可なりである。この信仰、この希望を共にせんか、宗派なんぞ顧みるに足らん。心の深き所において真正の合同が成立するのである」（信13・三二）。

これはキリスト教内の宗派とその合同をめぐる文の中で語られたものである。キリストの再臨という、聖なる究極的な力の圧倒的な顕現の前には、人間的分別にもとづく宗派争いや正統性の主張はもはや意味を失う、ということであろう。実際、再臨信仰以後の内村においては、寛容の問題は、少なくとも瑣末な教派問題とのかかわりではほとんど語られなくなるようである。ただし、再臨の信仰が宗派の差異に止まらず宗教の違いをも「超越せしむる」ものであるか否かについては何も語られていない。恐らく内村にとってそのことは超越者のみが知り得ることであり、「力弱き」人間の論議を超える問題であったのであろう。彼にとって宗教問題とはあくまでも内的生命の振起にかかわる実践問題であり、超越をめぐる形而上学的な論議は彼の関与するところではなかったからである。このことに関して、一神への信仰に生を賭ける者の取りうる態度は、つまるところ、かの遺稿「絶対的宗教」に言い表わされた態度に尽きるであろう。

寛容は、絶対的宗教の特質であらねばならぬ。他は他たり、われはわれたりである。われはわが宗教をもって充ち足れる者である。他宗をもってこれを補うの要なし。これはわれにとり、比較以外のものである。あたかも一夫一婦の規定のごとしである。（信14・七二）

おわりに

今日、世界は多神、多元主義の方向に向かいつつあるといわれるが、もしそれが事実であるとすれば、それは唯一神信仰にとって厳しい時代の到来といわねばならない。唯一の神を信じる者が信仰的立場を異にする人々と共存することは可能だろうか、共存せざるをえないとすれば、そこにはどのような道があるのだろうか、という問いは、真摯に考えれば考えるほど深刻な問いである。もしもお互いが自己の信仰の絶対性を主張して譲らぬとすれば、そこに帰結するものは宗教戦争でしかないであろう。しかし一方、多元主義的価値観も、それ自体が完結した一つの立場としてその優位性を主張するなら、それは一神教を初めとする異なる立場を排除するという自己矛盾に陥るのである。多元主義自体も攻撃性に陥る可能性と無縁ではないのであり、必ずしも寛容とは直結しないのである。このような時にあって、自己自身は不動の信仰に立ちながらも、その普遍的真理性に固執することはあくまでも留保しつつ、すべてを究極の時に託して「耐えて待つ」という内村の信仰の意義を、われわれは再確認すべきであると考える。

〈注〉

(1) 朝日新聞世論調査室『ザ・ニッポン人』、朝日新聞社、一九八九年、三〇一―三〇三頁。
(2) 湯浅泰雄『日本人の宗教意識』、名著刊行会、一九八一年、八九―一一一頁。
(3) 宗正孝「内村鑑三の信仰の構造――宗教的寛容について――」、日本思想史学会編「日本思想史学」、一九七一年、一―一一頁。
(4) 『河合隼雄全対話・Ⅳ』、第三文明社、一一九〇年、八五頁以下参照。
(5) 相良亨『日本人の心』」第二章　対峙する精神、『相良亨著作集5・日本人論』所収、ぺりかん社、一九九二年、三九―六二頁。
(6) 相良亨「一隅に立つ　道元・武士・内村」、「現代思想九月臨時増刊号・日本人の心の歴史」所収、青土社、一九八二年、四三二―四三三頁。

第三章　日本人キリスト者の死生観

——内村鑑三を中心に——

一　キリスト教における死の理解と日本人の死生観

死生観といえば、字義どおりには「死と生と」をめぐる思索内容を意味するであろうが、死生という場合、一般には死の方に重点がおかれる。本章も、日本人キリスト者の死をめぐる思索を取り上げるものである。

死というテーマはすべての人にとっての避け難い課題である。日ごろはこれといった人生観ももたず何とはなしに惰性で日を送っていても、あるいは、およそ大抵のことには無関心、無感動に生きていても、身近に死を体験したり、自分自身の間近い死を告知されたりすれば、人はこの事態を心の中にどう受容するかという難題と取り組まざるをえない。そのことは、各人がそれぞれの仕方で生の意味を問うことにつながるであろう。死は万人を否応なしに人生の根本問題に直面させるテーマである。その意味で、死をめぐっての思索はまさしく死生観、すなわち「死と生と」をめぐる思索とならざるをえないのである。

さて、キリスト者にとっての死の問題も、基本的には万人に共通のテーマとしての性格を担うものであることはいうまでもない。しかし、キリスト者にとって、死とは単に個人的なテーマであるだけでなく、同時にキリスト教の教義の中核に触れるものでもある。従って、死の問題にかかわろうとする日本人キリスト者は、大多数の日本人がそうするであろうように、いわば〝素手で〟これと取り組むのではなく、教義の枠の中で、言いかえれば福音において示される死の理解との緊張の下で、これとかかわらざるを得ないのである。

ところで、キリスト教信仰における死のとらえ方、とりわけ、人は罪のゆえに死に定められたという新約聖書におけるパウロの死の理解は、日本人の伝統的死生観といわれるものとはきわめて大きな隔たりがあることを認めざるをえない。日本人の死生観についてはのちに触れるが、日常的にも、あきらめ、はかなさ、悲哀、あるいは大自然や宇宙に帰る、浄土に往くなどの想念をともなって語られる日本人の死生観は、聖書における死の理解とはほとんど無縁のものであるといっても過言ではないであろう。かつて東京神学大学で「死の陰の谷を歩むとも——死にゆく者への福音」というテーマで行われた全学修養会の記録[1]を見ると、企画委員会による巻頭言の冒頭に、「『生』と『死』の問題は人間にとって神との関わりのなかでどうしても対面せざるをえないものであるにもかかわらず、これまで、医学教育の中でも、神学教育の中でも、正当に位置づけられることは無かったように思います」と書かれていた。そうした企画者の発想について、同修養会の教授フォーラム担当者の一人である加藤常昭は、その講演の中で、「皆さんはバプテスマを受けたのでしょう。バプテスマとは何かと言えば、ロマ書六章が最も鋭く言っている様に、死を意味するのですね。死んだのです。そしてキリストと共に生きるのです。肉体的にはピンピンしていても、やはり肉体的な死が表わす事実というものに、もうそこで皆さんは一度対決している訳なのです。そういう人間として神学校で、いったいキリストの救いとは何かということを、学んでいるはずなのです。そういう人間が、死について考えたことがないとか、死に対する言葉を持たないというのが、基本的におかしくはないか、というのが私の問いなのです」と述べている。思うに加藤は、修養会のテーマが、たとえばターミナル・ケアの現場での伝道というような特殊なケースを想定して設定されたものであることを認めながらも、学生たちの間で、聖書における死が神学世界のこととしていわば〝抽象化〟され、現実の死と遊離しているのではないかと危惧して、そのことにたいして鋭い警告を発したのであろう。

こうした〝ずれ〟が生じた理由の一端を私なりに推測することが許されれば、その背景には、ひとつには死にたいする日本人の伝統的な理解や素朴な感覚とキリスト教的な死の理解との間に、容易には越え難い隔たりがあることをあげねばならないと思う。確かに現代人としてのわれわれは、もはやかつての浄土往生、祖霊に帰るなどの感覚に素朴に身を委ねて死を迎えることは不可能であろう。しかしなお、多くの日本人にとって、たとえばパウロの「罪の支払う報酬は死である」（新約聖書「ローマ人への手紙」第六章二三節）という言葉を、真に実感をもって受けとめるのはきわめて困難なことではなかろうか。

相良亨は次のように言う。

> キリスト教において、死は「罪によって死は世に入り、凡ての人、罪を犯しし故に死は凡ての人に及べり」（ロマ書）と理解されている。アダムとイブの犯した罪によって、原罪を負う人間は死なければならない存在であるというのである。キリスト教の伝統のうちに生きた人々にとって、死は罪ゆえにうけるものである。このキリスト教的な死の理解は、一般の日本人の容易に理解しうるところではないが、また、キリスト教的な装いをとり去っても、死を極刑をうける恐怖に相当する恐怖の心をもってうけとるということ自体において、一般の日本人の死の感覚とは相当のへだたりがある。[2]

これが「キリスト教的な死の理解」のすべてではないにしても、死が「罪の支払う報酬」であれば、それはまさしく刑を受ける者の恐怖をもって受けとめられるべきものである。だが現実に日本人キリスト者のうちで、そのような意識をもって死との対座を試みる者がどれだけいるであろうか。筆者自身も、右の文中の「死を、極刑をうける恐怖に相当する恐怖の心をもってうけとる」というくだりには、率直にいって虚を衝かれた感じがしたのであった。察するところ、大多数の日本人が死に臨んで心に抱くのは、あるいは希うのは、恐怖心とは正反対の、「主のみもとに行く」という安らぎではなかろうか。「主よみもとに近づかん」という現行讃美歌三二〇番が日々の生活の「向上」をテーマとした歌に分類されているにもかかわらず、むしろ葬儀の歌として親しまれているという事情も、このことを裏書きしているように思われる。[3] ちなみに、前記の東京神学大学全学修養会が行った学生意識調査によると、自分の葬儀の時に必ず歌ってもらいたい讃美歌としてこの三二〇番がトップを占めていたという。加藤はそうした学生の意識にも触れて、神学生が自分の葬儀の歌として推す讃美歌が三二〇番であるというのは「何か寂しいような気」がすると評している。

ここで日本人の伝統的な死生観について触れておきたい。相良亨は、日本人の死生観に関する文献で注目されるものとして、加藤周一、M・ライシュ、R・J・リフトンの三氏による共同研究にもとづく『日本人の死生観』と磯部忠正の『「無常」の構造』とをあげて、「日本人の死生観の基本線はほぼこの両書に素描されているといってよかろう[4]」としている。この指摘に教えられながら、加藤が同書の終章で近代日本人の死にたいする態度の特徴として示している五項目を手がかりに、本論に必要な範囲で日本人の死生観の基本を押さえておきたい。

第一は、「家族、血縁共同体、あるいはムラ共同体は、その成員として生者と死者を含む。死とは、少なくともある期間、同じ共同体の成員の第一の地位から第二の地位へ移ることを意味するにすぎない[5]」ということである。今日なお残る盆の行事などは、そうした死生観にもとづくものと言えるであろう。また柳田国男が記したような、祖霊信仰や祖先回帰などの民俗の根底にあるものも、同様に理解できるであろう。そこでは、生前に属した共同体における人間関係の絆は、死後もそのまま保たれるのである。

次に、「死の哲学的なイメージは、『宇宙』のなかへ入って行き、そこにしばらくとどまり、次第に融けながら消えてゆくことである」とされる。そのことは、そこには「人間の死に介入する超越的権威」が存在しないので、「最後の審判」の思想がないということを意味する。そこでは、個人の生涯の差によって死後の世界でのあり方が変わるということはない。確かに仏教にも「因果応報」の思想があるが、これについては、本来阿弥陀仏や地蔵は、死にゆく者が十分に信仰しさえすれば審判を相対化して誰でも救うことができ、「徳川時代の文化の世俗化は、大衆的な仏教世界観のなかから、審判と地獄のイメージをとり去り、誰でも同じように救う阿弥陀信仰をのこした」とされている。また、親鸞に従って阿弥陀仏は「自然のやう」を知らせるものであるとするなら（『末燈鈔』）、それは浄土を司る超越的な権威、人格的な絶対者であるよりは、「『宇宙』の人格化の一型」であると見るべきであろう。

最後に、「一般に日本人の死に対する態度は、感情的には『宇宙』の秩序の、知的には自然の秩序の、あきらめをもっての受け入れということになる。その背景は、死と日常生活上との断絶、すなわち、死の残酷で劇的な非日常性を、強調しなかった文化である」と指摘されている。キリスト教系の病院でターミナル・ケアにたずさわる一医師は、日本の庶民の死に見られる特色のひとつは、「あきらめの死」であると指摘しているが[6]、死にゆく本人も看取る家族もともに、近づく死を予感しつつこれを「あきらめ」て迎えるという光景は、多くの日本人にとってきわめて馴染み深いものであろう。また、死と日常性との断絶感が稀薄であるという指摘に関しては、臨床心理学者として多くの日本人の死生をめぐる葛藤に立ち会っている河合隼雄が、神経症で自殺を企てて未遂に終わった人がその時の心境を説明して、たとえて言えば部屋の空気が濁って息苦しくなってきたとき、そこを逃れるために「障子をあけて隣の部屋に行こうとするようなものだ」と言ったという例をあげて、「日本人にとって、生と死を分ける隔壁はあんがいに薄く、生と死が連続的にさえ受けとめられているのである」[7]と述べていることをあげておきたい。

日本人の死生観の基本という底の深いテーマを簡単に押さえるなどということは私の力の及ぶところではないので、以上、まことに便宜的ではあるが、相良に教えられつつ加藤らの所論を借りるかたちで、本稿の展開に必要な範囲内でその輪郭を素描した。また相良は以上に加えて、磯部忠正『「無常」の構造』が日本人の生き方を「大きな自然の命のリズム」への帰入ととらえていることを紹介している。なお相良は、日本人は一般に生と死との断絶を恐怖感というよりも悲哀感として受けとめていたのではないかといい、死は悲しいものであるということは一方において「あきらめ」となり、積極的には自己制御としての「覚悟」となったと述べている。

さて日本人の死生観の基本がこのように押さえられるとすれば、このような伝統に慣れ親しんだ者にとって、キリスト教信仰との出会いは死についての全く異質な理解との出会いでもあった。そうであれば、われわれがパウロのいうような死を真に受け入れることは、それ自体きわめて困難な課題であると言わねばならない。日本人キリスト者は死をめぐる聖書の教示を受けとめるにあたって、果たして死についての自己のいつわりのない実感に根ざしているであろうか。もしも死が現実感覚の手応えを失った次元で語られるなら、死と復活という福音の中核的メッセージも、悪しき意味での理念性、象徴性の枠を越えられないのではなかろうか。あるいは、聖書的な死を、日本人の在来の死のイメージで受けとめるなら、罪と死をめぐる聖書の教示のもつ厳しさも見失われるのではなかろうか。そうした意味で、日本人キリスト者において死がどのように受けとめられたかを問うことは、その信のあり方そのものを問うことにもつながるであろう。このような問題意識から、日本人キリスト者が死という課題といかに取り組んだかを、内村鑑三の場合に探ってみたいと思う。

二　恐怖としての死

一般に近代日本のキリスト者は、現実の政治的社会的な問題と取り組むことに急で、死生の問題というような、すぐれて内面的な課題にそれ自体として取り組むことは稀であったようである。言うまでもなく牧師たちは、魂の看取りにあずかる者として、個々の牧会の場面では多くの言葉を語ったことであろう。しかしながら死生をそれとして問題とした文献は多くはなく、当面のテーマの考察には決して十分とは言えない。そうした中で、聖書における死生の問題と真っ向から取り組んだのは内村鑑三である。彼は言う、

死について聖書の教うるところは明瞭であります。……人にとっては死は禍である、刑罰である。「罪の価は死なり」とありて、人は罪のゆえに死を余儀なくせられたのであると。聖書はかく明らかに示します。すなわち聖書は死を、罪のゆえに人に加えられしのろいとして見るのであります。それゆえに死は忌むべきもの、恐るべきもの、いかにかして取り除くべきものであると教えます。すなわち死は始祖アダムとエバの罪をもって人類に臨み、人類は始祖の罪を繰り返して同じく死刑に処せられつつあると教えます。(『内村鑑三信仰著作全集・一四』二七八頁。以下、信14・二七八と略記)

小原信の言うように、「聖書研究は鑑三の天職であった。それに生涯をかけ、それにすべてのテーマをみつけた鑑三は、聖書との関係で人生をかたり、世界をながめ、歴史を解釈したのである[8]」。そうした内村にとって死生の問題との取り組みの起点も、まず死についての聖書の教示を確認し、これを、死にたいする自らの態度を固定させ

るための礎石とすることに置かれた。
その聖書が死について教えるところはきわめて「明瞭」である。聖書によれば死は罪のゆえに人に加えられる刑である。死は始祖の犯した罪によって人類に臨み、その結果、全人類が罪の報酬としての死の刑に処せられることとなった。このように、死について聖書が語ることは「実に驚くべき教示」であり、かつ「明瞭大胆」な教示である。

だが言うまでもなく、「驚くべき教示」であることは直ちに驚きをもって心に収め得ることにはつながらず、また「明瞭」であることは疑う余地もなく受容可能であることを意味しない。かえってそれは、「一見してまことに不合理の教え」である。のみならず、死をめぐる人間の思いほど「ふしぎなるもの」はない。死は万人のものであるにもかかわらず、すべての個にとって究極的に非日常的でもある。「これは実にふしぎ」ではないか、と彼は言う。思うに死は、人間にとって、有限な人間の思慮をこえた世界と宇宙の諸相の中でも最も根源的な謎である。しかもその謎にたいする答は、死とは「罪の支払う報酬」であるという、それ自体まことに不合理な教示として、信仰主体にたいして神の側から一方的絶対的に受容を迫られるのである。作家正宗白鳥は内村が、「人間の姿自己の心の影を良く見詰めなかった」と批判しつつ、「初めから神の愛だの救ひだの永生だのを前に置いて、いやでも応でも自分の身を其處へ託して安易を得ようとしてゐるやうに思はれる[9]」と評する。しかし、死という謎をめぐるこの「神話[10]」は、内村にとって、「人間の姿自己の真の心の影を見詰め」ることから紡ぎ出されたものではない。また、既成の「神話」の中から、自己の死生観に意味と方向づけを与え得るものとして選びとられたものでもない。さらに言えば、それは単なる安心のために受容されたのでもない、というべきであろう。キリスト者としてはこの「神話」を、神への信仰的応答の動かすことのできぬ部分として引き受けざるをえないのである。

そこで、多くのキリスト者にとってそうであろうように、死をめぐる内村の課題の基本は、この超越的な「神話」をいかにして信仰主体としての自己にとって真に意味あるものとして受けとめるか、自らの死生観に真に生きた方向性を与えるものとして収めとるか、ということに置かれた。内村にとって「神だの救ひだの永生だの」が人間の真の姿の凝視を経ずに「初めから」「前に置」かれたものであったという白鳥の指摘は正しいであろう。それは、ある意味ではまさに、日本におけるキリスト教信仰のあり方の本質をついているとも言える。問題は、そこに安らぎを見いだしたという思いが単なる気休めや教義の表層的な受容ではなく、信仰者のたましいにとって真にリアリティーを持つものとなりえていたかどうかにある。その消息を問うに先立って、内村における死生観の性格についてもう少し考察しておきたい。

死について内村は次のように述懐する。

世に死ほど恐ろしいものはありません。これを「恐怖の王」と称します。これを慰むるに足るものは天上天下どこにもありません。生者必滅とは言いますが、しかし死に際会するごとにわれらは新しくその恐怖を感じます。たとえ命数のすでに定まりたる老人の死であるにしても、死は死よりほかのものではありません。(信20・二九二)

これは父内村宜之の死後一週間目に書かれた文章の一節であるが、彼自身の死の前月、繰り返し襲ってくる心臓発作の中で一時小康を得た日の日記には、「いよいよ回復期に入った。まずもって命拾いをしたというのである。死の門口まで行いた。恐ろしいものである。一概に死と言うが、死は依然として恐怖の王である。今度という今度、『エリ、エリ、レマ、サバクタニ』を徹底的に実験した。そして、わが愛する者の多くがこの苦痛を越えて他の世界へ行いたかと思うとき、同情かつ尊敬に堪えない」(『内村鑑三日記書簡全集・4』、三九二頁、以下、日四・三九二と略記）と、「死の門口」まで行った恐怖とそこから生還した安堵感とが率直にしたためられている。もともと内村は、「自分の不安などを書くことにたいしても抵抗はなかった」[11]といわれるが、晩年の死の床においてなお、「死は依然として恐怖の王」であった。聖書は死を「罪の支払う報酬」といい「罪の価」というが、死に臨んだ恐怖感にとらわれるとき、死は「死よりほかの」何ものでもなくなるのである。その感情が永生天国への信仰に不安や懐疑を抱かせるような質のものではなかったにせよ、すでに不動の再臨信仰に支えられていたはずの時期においてさえ、なお死は内村にとって、安らぎや歓喜よりもまず恐怖として語られる何ものかであったのである。

ところで先にも触れたように相良亨は、日本人一般にとって生と死との断絶は「恐怖感というより悲哀感としてとらえられていたのではあるまいか」[12]といい、日本人の中に根強く流れる無情感において死がとらえられてきたことを考えあわせるとき、「死が日本人一般にとってまず悲しいものとしてうけとめられてきたことは否定できないように思われる」[13]と述べている。そしてさらに、悲哀感をとり去ってもなお残るもの、あるいは、悲哀感に置きかえられぬ何ものかがあるとすれば、そこに日本人の在来の死生観には見られぬ何ものかを発見できるのではないか、と言う[14]。もとより日本人の中にも、死を恐怖感をもって受けとめる者がないわけではないであろう。そこで、内村における死への恐怖に何らかの意味を読みとるためには、そこには悲哀感に解消されない何があったのか、が問われねばならない。

死は「恐怖の王」であるという内村の表白は、まさに生物的本能とでもいうべき感覚から発せられた叫びのようなものであって、それ以上の何ものでもなく、そこに何らかの意味を期待しようとするのは読みこみ過ぎであると言えるかもしれない。しかしなお、悲哀感をもって死を受けいれてきたといわれる伝統の中で、内村をしてあえて死は恐怖であると言わしめたゆえんを問うことには、それなりの意味があるであろう。この問いにひとつの手がかりを与えるのは、次のような印象深い一文である。

> ここになお一大問題の、何びとの胸底にも存在するものがある。それは死の問題である。死は人生の最大事件である。人は何びとも死をまぬかるることはできない。そうして死の恐ろしさはそのさびしさにおいてある。死に臨んで人は何びとも絶対的に孤独になるのである。死に臨んで、人に国家もなければ、社会もなければ、家族もない。われらは各自ただ一人、知らざる暗き大洋へと単独（ひとり）で乗り出さなければならないのである。（傍点引用者、信14・三七）

人はあらゆる人間的な絆を断たれた絶対的な孤独者として死に臨まねばならない。死の恐ろしさは、まさにこの絶対的孤独のさびしさにおいてあるのである。だが生において「国家」や「社会」や「家族」の中での自他一体感に支えられていた者であれば、死に臨んで突然「絶対的に孤独になる」であろうか。言いかえれば、絶対的な孤独者として死に臨む者は、生においても「孤独」の生を生きた者であると言えるのではなかろうか。そして、内村をして「死に臨んで、人は何びとも絶対的に孤独になるのである」と言わしめたものは、彼の生における「キリスト者としての孤独」であったと言えるのではなかろうか。

キリスト者として生きるとは、神の前にひとり立つ個となることである。しかし、自他一体の「間柄」社会日本において神の前にひとり立つ個となりきるということは、和気溢れる「間柄」共同体から背き出てあえて孤独になることを意味する。[15] 内村の強靱な精神においては、生においてはそうした意味の孤独がそれとして自覚されたことはなかったかもしれない。また時代的風潮からも、そうした質の課題が浮上してくるのは、キリスト教史でいえば第二世代に入ってからのことと言えるであろう。だが死という極限の状況に臨むとき、自他一体感の中に支えを持たぬ者の孤独は、まさに「絶対的」な「孤独」の恐怖として彼に迫るのではなかろうか。そこにはもはや「国家もなければ、社会もなければ、家族もない」。人は、死に意味を与えこれを支えるいかなる「共同体」も存在しないところにおいて死に臨まねばならないのである。そこにおいては、絶対的孤独からの救済は、もはや「共同体」の中に求めることはできない。それを可能とするのは、「孤独者」としての個がその前に立つ神のみであろう。

内村の死への恐怖の内実をこのように理解することができるとすれば、彼における死生観の問題は、在来の〝共同体の中での死〟から決別した者が、いかにして新たに〝超越者との対座における死〟をわがものとするか、という課題に帰着すると言うことができよう。超越者との対座に介入してくるのは、言うまでもなく罪の問題である。そして、罪とその処理の問題に、死とのかかわりから解決を見いだす道が探られなければならない。死の恐怖からの究極的な解放は、そこにおいてのみ可能となるであろうからである。そして、もしそのような境地に達し得たとすれば、それはとりもなおさず先述の、罪と死をめぐる「神話」の真の主体化がなし遂げられたことを意味するであろう。では内村においてその道はどのような仕方で探られたのか。

三　罪と死をめぐって

内村は、罪を人類の神に対する「反逆」と受けとめた。

しかしてこの罪とは何であるかと言うに、それは「反逆」であるのである。すなわち人が神に対して犯したる反逆の罪であるのである。これが罪の罪であって、すべての罪の本（もと）であるのである。しかして聖書が排議してやまざる罪は常にこの罪である。神がキリストにありて除かんと欲したまいしは、人類のこの罪である。ここに、すべての背徳、すべての苦痛の本原が存するのである。（信12・一一）

の由来はここにもあった。

「反逆」とは神への背反であり、人はこの罪のゆえに「神の楽園を追われ」、ここに神と人との「親子的関係」は絶えた。しかも個々人は自らの意図的な背信によって神を離れたのではない。すべての人が人類の始祖の犯した罪によって神からの断絶を余儀なくされているのである。それは万人にとって、存在の不可避的な条件である。そして聖書は死について、そのようなものとしての罪にたいする刑であると告げるのである。死にたいする内村の恐怖の由来はここにもあった。

死とは実に恐ろしいものでございまして、これを「恐怖の王」とはよく申しました。……私どもがただに死を忌むのみならず、またこれを非常に恐れまするのは、すなわち私ども人類たるものは罪の罰として死刑に処せらるるを知るからでございます。死の観念に非常の悲惨の情の付随しているのは全くこれがためであると思いまする。(信3・五二)

さて死への恐怖と表裏にあるのは生への渇望であろう。そして、内村にとって死への恐怖が、罪に対する刑としての死への恐怖であったことと対応して、生への渇望は単なる生物的な生への執着ではなく、彼のいう「内的生命」の横溢を意味していた。彼にとって死は、生命体としての死であるとともに霊魂の死でもあり、生は生物体としての生命であるとともに霊的生命でもあった。そして死と生という二語が常に霊肉の両義的意味を帯び、ふたつの意味がないまぜとなって語られるところに、死生の問題に対する内村の心的構造の特色があったと言えるのではなかろうか。よく知られるように内村は、宗教の本領を、「内的生命」を人に供給する力の中に見た。「宗教は内的生命である」という主張は、「真の宗教」は伝統的教義や既成の教会の中にはないことを強調した文脈で語られることが多いが、内村には基本的に、宗教とは「わが内に永久的実在者を迎えて、そこに内的生命を営むこと」(信14・三七)であるという理解があった。至高の存在者によって「内的生命」が与えられるとき、「人はその心霊の奥殿において、至上の幸福を感じうるのである」という（信14・三七）。

さて生がそのようなものと受けとめられているところでは、罪の桎梏の下にある状態は「内的生命」の喪失状態を意味するであろう。そして、「内的生命」の横溢においてのみ生の真の充足が実感されるところでは、「内的生命」の枯渇は「死」にほかならない。それは霊的な死でありつつ同時に肉体の死でもある。人は生命の源である神を離れたゆえに、「死は当然の結果として彼に臨」（信20・二八九）むこととなった――。これが、聖書の研究を「天職」とし、同時に「天然学」の徒でもあった内村が、聖書と天然との接点において見いだした、罪と死をめぐる「神話」の端的な理解であった。

死がこのように受けとめられるとすれば、死にとらわれた状況からの脱出がいずれの方向に求められるべきかということは自ずと明らかである。人は生命の根源である神を離れたゆえに死に定められたのであるから、死は、自己の内なる力の喚起によっては克服できない。人にとって神のみが生命の「供給者」であるゆえに、死の克服には超越者の介入が必須となる。人は、「生命の源なる神につながれ」ることにおいてのみ、「新たに生命を注がれて死に勝ち生に入る」ことを得るのである。

このことは聖書にそくして言い換えれば、キリストによる罪からの解放、神との和の回復が死の克服につながるということになるであろう。「さればです。神の最初の御目的にかなない、人に死が無きものとなりて彼が生きんがためには、神が自己にそむきて死を招きし人のために備えたまいし救い主イエス・キリストを信じて、生命の源なる父なる神に再び帰り来たるよりほかに道はありません」（信20・二八二）。ここにおいて内村固有の生命的宗教観は、キリストの命の力によって死が克服されるという聖書の救済論と合致するのである。

四　罪と死の彼方

罪と死をめぐる聖書的な「神話」の謎に対して内村が編み出した解答は、ほぼ以上のように理解することができるであろう。そして彼は、それにもとづいて自らの死との対峙を試みたのであろうと思われる。ではこの解答は、彼自身の死を支えるものとして、真に主体の中に根を下しきっていたであろうか。言い換えればそこには、在来の〝共同体の中での死〟に代わる、全く新たな〝超越者の下での死〟が確立していたと言えるだろうか。これらの点をめぐって、さらに少し吟味を重ねてみたい。

キリストによって罪を除かれ死が克服されたところに新たな段階として開かれるのは、復活と永生への信仰である。キリストによって神と人とが再び相会い、「父子の間の破れし平和」が回復されるとき、「生命の水は再び死せる子に臨んで、彼は復活して再び神の子として生くるに至る」のである。そのような者にとっては、もはや死の恐怖はありえない。「かくして肉体の死は一たびは彼に臨むといえども、復活の希望はあざやかにかれに与えられて、死は生命の門として恐怖なくしてこれを過ぎることができる」はずだからである。罪によって肉の体が蝕まれていき、ついに朽ち果てて死に至るという「悲惨」が、聖書と天然の教示の接点において結ばれた、内村の死のイメージであったとすれば、キリストによって罪が除かれるとき、「同時に死が除かれ」て永生に入るという超越からの開示は、確かに死の恐怖を取り除く福音となり得るであろう。人はこの開示の下に、「心静かに死に対し、勝利を叫んで墓を迎うることができる」（以上、信20・二八二）はずであった。だが現実に「死の門」の近くまで行った内村にとって、死はなお「恐怖の王」であった。正宗白鳥は内村の信仰を、「よく（人間の姿や自己の真の心の）

底を見詰めない先に、急いで神といふものにしがみついて『もう大丈夫だ〳〵。』と獨りで安んじているやう[16]」であると評した。これは『内村全集』第一巻への感想としてしたためられた文中の一節であるが、死に臨んでの内村の復活と永生の信仰にたいしても、なお同様の批評を許す余地があったのではなかろうか。われわれはこのことを、どのように解すべきであろうか。

われわれは内村鑑三という信仰主体において、聖書における罪と死の教義がいかにその心の中に収めとられたかをあとづけた。彼は、彼独自の生命的宗教観ともいうべきものを介してこの「謎」にひとつの解答を得た。その筋道は、彼の信仰的実験に照らしても、また〝論理的整合性〟においても、課題に相応の深みと説得力をもつものである。だがなおわれわれはこの筋道に、言葉どおりには心に収め難い何かを感じるのではなかろうか。そしてその収まり難さのよって来たるゆえんを探るとき、われわれは内村における「生命」と「死」の意味のもつ両義性につき当たるであろう。

先述のように、こうした一連の議論の中で内村のいう「生命」は、神を供給源とする霊的生命でありつつ同時に肉体的生命でもあった。それに応じて「死」も、内的生命の枯渇による霊性の死であると同時に肉体の死をも意味していた。そして内村においては、この二語が両義性を帯びたままないまぜとなって語られているのを見た。直情径行型の内村の性格を知る者は、こうした語り方を彼の心情そのものの表れとして受けとるのにやぶさかでなく、これを伝道者としての単なる〝たてまえ〟や教化のためのレトリックとは解さないであろう。だが現実の人間においては、霊的生命と肉の生命とはあくまでも〝別のもの〟である。そこでは霊的生命と霊性の死は常に象徴化され、その表裏として現実の生と死から限りなく遊離していく可能性をはらむ。そして、両者の乖離に比例して、内村の見いだした「解答」も空洞化していくのではなかろうか。思うに、内村が目指したような仕方において真に「心静かに」死を迎え得るということは、神的生命の注ぎにおいてのみ真の生の充足があるという秘儀的真理を、霊肉一体の全人として、真に「心霊の奥殿」において体得し得た者にのみ開かれる境地ではなかろうか。そして、そのような境地は、単に死生をめぐる「神話」に心の拠り所を見いだすというような心理的操作、あるいは一歩をゆずっても一回的決断によって達せられるものではなく、そこには信仰主体としての生の体験の連鎖や信仰的修練の集積が必須の条件となるのではなかろうか。それは内村の強靱な精神にとってもなお未完の課題であったのであり、現実の内村は、復活と永生の信仰を抱いて歓喜の中に死を迎えた同信の友たちの死にざまに畏敬と賞賛を捧げながらも、正宗白鳥が「親しみ」をこめて回顧するように、晩年の死の床では「寂寥堪えられぬ思ひ」にさいなまれたひとりの人間であった。そして、歓喜としての死を渇望しながらも、「夜暗くして泣く赤児」として死の恐怖にとらわれ続け、両者の間で低迷を続けつつ死を迎えたのではなかったか。

さて死に臨んだ内村の現実の姿がこのようにあとづけられるとしても、それは決して宗教家としての内村の未完性をあらわすものとは言えないであろう。内村の死生観模索の試みが、日本の在来の死生観の中に〝超越者との対座における死〟を確立しようとする実験であったとすれば、それは日本人の死生観の伝統にひとつの新たな展開をもたらそうとする試みであり、それは決して容易な業とは言えないからである。だが内村において、〝超越者の下での死〟が果たしてどこまで貫徹されていたのかを問うとき、そこにはなお吟味されねばならない問題が残されている。そのひとつは、内村において死後審判はどうなっていたのかという問題である。先に触れたように、「宇宙」の中に「入って」いき、次第に融けながら消えていくという、死についての日本人のイメージは個人差を排除するものであり、そこには厳しい審判の思想は存在しない。これにたいし、生において「全能の神の前に責任を負う」者であった個は、死後においてもまた神の前にひとり立って審きを受ける個であるはずである。罪と罪の処理の問題は、内村において最終的にはどのようにとらえられていたのか。

内村にとって「未来の審判」は神の義の終局的な実現の場であるはずであった。だが結論を先取りして言えば、そこではキリストの憐みに満ちた中保が「さばきに勝つ」のであり、そこには永遠の滅びをも予想させる審判は存在しない。キリストによって罪をあがなわれた者には、永生はすでにこの世において与えられており、救われた者にとっては、この世で受けた生命がそのまま死後においても永続するのである。信じる者は、この世においてすでに約束された永生への確信に身を委ねて死を迎えるのである。従って、死そのものには審きを予想させる厳しさはない。死はつまるところ「一時の睡眠」（信15・四二）であり、「より良き世界への門」（信15・一一二）に過ぎないのである。また、死が時に移転や転宅という比喩をもって語られることも、死が生命のこの世からかの世への移動としてイメージされていたことを物語るであろう。「死は転宅である。そうしてわれらは、悪しき家より善き家へと移さるるのである」（日1・一二七）。ここにはもはや生と死との断絶感はない。このことは内村の死者への思いにも反映している。彼は言う、死んでいった人は消え去ったのではなく「行った」のであり、死者は今なお存在してわれわれと交流していると信じるのがキリスト者の実感であると。そしてプロテスタント教会が死者のために祈ることを禁じているのは人間の情として堪えがたいことであると言い、この点においてはカトリック教会の考え方のほうが聖書の意にかなっていると述べている。（死に対するこうした情念の背景には、愛娘ルツ子の死から受けた強烈な衝撃と、死の彼方にある彼女への断ちがたい想いがあることは否定できないであろう。）

生命の永続への信仰は、宇宙の中に入っていき次第に消滅するという日本人の死生観とは明らかに異質な要素であると言えよう。だが、転宅や移転のイメージで語られる死は、かつての〝共同体における死〟と再び接近するとも言えるのではなかろうか。このことはまた、内村における再臨信仰の解釈にもかかわってくるであろう。内村における再臨の世界は、人が霊のみでなく身体としても救われ、すべての被造物が不朽の生命を与えられ、真の正義と平和が臨み、創造の目的に適う完全な天地があらわれる、という世界であった。それは厳しい審判の世界であるよりは、義の完全な現成の世界であった。それは根本においては他界的な力の究極的な現れとして待望されたものではあったが、われわれはなおそこに、内村がこの世において希求し続けた、完全な共同体の姿の投影を感じとるのではなかろうか。それは本質においては他界的な究極の共同体であったにせよ、彼が死の最終的な支えとして希求したのは、愛する者が身体としても救われて共に永生を享受するという〝共同体的〟イメージであったということは、日本人キリスト者として死生観を考えようとする者に、なお多くの課題を投げかけるであろう。

われわれは内村鑑三が死の問題を考えるにあたって、聖書の教示を「初めから」「前に置」くことから出発し、いかにかしてこれを主体化しようと苦闘した跡をたどってきた。内村にとって、キリスト教的死生観を完全にわがものとするという課題は未完に終わったにせよ、それは在来の日本人の死生観の中に全く新たな思索と実践の楔を打ち込もうとする試みであった。そこにはなお、在来の死生観の名残を見いだすことも可能である。だがわれわれは、キリスト教的死生観を受容するにあたって、果たして日本人の死生観を全面的に乗り越えねばならないのであろうか。もしもそれが基本的に聖書の示す救済の方向に沿うものであれば、そこには日本的死生観の伝統を保ちつつ死をめぐる福音を主体化する道を探ることも可能なのではなかろうか。そして、そうした方向を見いだすことは、日本における福音の受容と継承にとって真に生産的創造的なものを見いだすことにもつながるであろう。それは、先駆者たちの思索に学びつつその良きものを継承していこうとする者の課題であると考える。

〈注〉

(1)東京神学大学修養会委員会編「一九八三年度全学修養会記録」、一九八四年。

(2)相良亨「日本人の心」、『相良亨著作集5・日本人論』、ぺりかん社、一九九二年、一五〇―一頁。

(3)ただし、この讃美歌が葬儀や死にさいしてよく歌われるのは、日本だけではないようである。

(4)相良亨『日本人の死生観』、ぺりかん社、一九八四年、九頁。

(5)加藤周一他『日本人の死生観・下』、岩波書店、一九七七年、二〇九―二一五頁、以下の引用も同書同箇所より。

(6)柏木哲夫「ターミナル・ケアと庶民の死」、多田富雄、河合隼雄編『生と死の様式』、誠信書房、一九九一年、八三―九六頁。

(7)河合隼雄「日本人の死生観」、多田他編、前掲書、二四九頁。

(8)小原信『内村鑑三の生涯』、PHP研究所、一九九二年、三四五頁。

(9)正宗白鳥「内村全集を読む」、『正宗白鳥全集第二十一巻』、福武書店、一九八五年、一〇八頁。

(10)ここでの神話の意味は未開時代の世界観の意ではなく、中村雄二郎の、「神話の知の基礎にあるのは、私たちをとりまく物事とそれから構成されている世界とを宇宙論的に濃密な意味をもったものとしてとらえたいという根源的な欲求」という理解による。同著、『哲学の現在』、岩波書店、一九七七年参照。

(11)小原信前掲書、三九一頁。

(12)・(13)相良亨『日本人の死生観』、一七頁。

(14)これは筆者が相良氏から直接うかがったことである。

(15)鵜沼裕子『近代日本のキリスト教思想家たち』、日本基督教団出版局、一九八八年、序章参照。

(16)正宗白鳥前掲書、一〇八頁。

〈その他の参考文献〉

(1)竹内整一『自己超越の思想』、ぺりかん社、一九八八年。

(2)日本倫理学会編『死』、以文社、一九八四年。

第四章　新渡戸稲造の信仰

――その神秘主義的宗教観をめぐって――

はじめに

「新渡戸稲造」（一八六二―一九三三）とは誰か、ということを、たとえば辞典の冒頭のような一言の定義で示すことは困難である。その活動は、教育、国際政治、植民政策、さらには東西諸思想の研究など、きわめて広範な分野に及んでいるが、彼は単に学者、書斎の人としてそれらを論じたのではなく、生涯にその各々にかかわる幾多の職業に就くことをとおして、それらの各分野と実践的にかかわった。しかもそれら各分野での業績はいずれも一定の評価に値し、そのいずれの記述を欠いても新渡戸像は完結しないというものばかりである。ことに新渡戸においては、多面的な働きのそれぞれが、全体として固有の有機的なつながりをもっているので、単に各分野での業績を並列的に記述するだけでは不充分であり、その全体的立像の内面的動機をみきわめる視点が必要であるように思われる。たとえば、その言動の一断面のみをとりあげて、これを特定の価値観や政治的立場から評価し裁断することは、当該テーマの考察にとっては相応の意味をもつであろうが、総体としての新渡戸像そのものは、単にそうした言説をつなぎあわせただけでは見えてこないのである。

多様性や幅広さということはまた、彼の内的世界のありようの顕著な特徴でもあった。『新渡戸博士追憶集』[1]（一九三六）、『現代に生きる新渡戸稲造』[2]に寄せられた各界の人々の文章は、高潔な人格の持ち主でありながら決して堅苦しいところがなく、柔軟でユーモアに富んだ彼の人となりを如実に伝えており、国の内外や階層、年齢を問わずあらゆる種類の人々から彼ほど敬愛され、信頼された人物は稀であると言っても、決して過言ではないように思われる。また一見神秘家ともいえる体質と国際人としての見識に富んだ健全な常識、プロテスタント・キリスト教（クエーカー主義）の信仰と世界の諸宗教への深い共感的理解など、一般には相容れがたいと思われている諸要素が一個の人格の中に渾然と融合して共存していることも、新渡戸の世界の顕著な特質であるといえるであろう。

さて本論の関心は、そうした稀有な人格の核をなし、かつその独特の世界を根底で支えているゆえんのものを、その精神の内部に少しく探ってみることにある。新渡戸は札幌農学校で内村鑑三らとともにキリスト教に入信し、のちにクエーカー派に属したとされているが、彼の場合、一見、キリスト者であることはその生にとって第一義的ではなく、直接に宗教にかかわる活動は、その多彩な働きのうちの一部分にしか過ぎないようにも見える。それゆえ新渡戸の場合、宗教を軸としてその世界の理解を試みることは、適切な方法ではないかのように見えるかもしれない。しかしそれは新渡戸の信仰が、クエーカー主義をも含めたいずれの既成宗教の枠にも収めきれぬものであったからであり、その生の核となるものは、広い意味ですぐれて宗教的であった。本論は、新渡戸の世界の核というべきものをそうした広義の宗教性に見、その特質と生への意味を問うことにある。従って本論は、新渡戸における「宗教」をとりあげるものではあるが、彼の多面的な遺産から宗教にかかわる側面だけを抽出して論じるというよりは、その思想と行動の基盤としての「宗教性」を考察しようとするものである。

一　神秘家的資質

新渡戸稲造を在来の通念に従って近代日本のキリスト者のひとりに数え、同時代の他のキリスト教思想家たち、たとえば内村鑑三や植村正久などといった人々と並べてみるとき、そこにはこれらの人々と同列には論じにくいある異質性が感じられるのではなかろうか。それはひとつには、新渡戸が彼らと異なって伝道を本務とせず官途に就いた人であり、実際の活動舞台を全く異にする人であったことにもよるであろう。しかしそれだけではなく、そこにはなお、両者の世界の根幹に触れてくる、別の理由があるように思われる。

新渡戸稲造の世界を近代日本のプロテスタント界で何ほどか異質に感じさせるゆえんのものをその人となりのうちに探るなら、まず彼に一種の神秘家的な資質があり、生涯にわたり〝非日常的〟な事象に浅からぬ関心を寄せ続けていたことをあげねばならない。すでに広く知られているように、彼はいわゆる心霊現象のような超常的現象に少なからぬ関心を抱いていた。『東西相触れて』所収の随筆「霊的の現象」(『新渡戸稲造全集・第一巻』二七一―七頁、以下、全一・二七一―七と略記)によると、彼はボストン滞在中に、占い、骨相・手相見、予言者などの類いを片端から訪ねてまわり、「彼等の言ふことが何れも一致してゐたことに少なからぬ興味を覚えた」り、ロンドンではある降霊術の集会に出席して、「教育なき極めて平凡な」一ドイツ人の霊媒の口をとおして中国人の女性が東洋哲学を論じたり、ペルシアの詩人が韻を踏んだ名文で宗教の教理や教訓を説くのを目のあたりにしたりした。また同じ会でこのあとに、いわゆる空中から物を摑み出すという超常現象が生じたことを、かなり微細にわたって報告している。さらにまた、国際連盟知的協力委員会の仕事を通じて知り合った、イギリスの古典学者で超能力の所有者としても知られたオックスフォード大学教授ギルバート・マレーとも、幾度となくこういった問題について話し合ったといい、マレーに生じたという透視能力の事例についても、同文の中でかなり詳しく紹介している。また同じ委員会を通じて接した哲学者ベルグソンとの会談では、彼のいうエラン・ヴィタールと宗教的奇跡を起こす霊的能力の関係について問うたり、ジャンヌ・ダルクの言行についての彼の考えを質したりしたという。神の声を聴いたというジャンヌ・ダルクへの新渡戸の心酔振りには並々ならぬものがあったようで、その生地をはじめゆかりの地をたどっている。また晩年には、霊感による予知能力があるといわれた曹洞宗の尼僧・佐藤法亮を山形県赤湯温泉に訪ねて親交を持ったことも知られている。また若いころのある日、ドイツのボンに滞在中の新渡戸は、郊外の薄暮の中をこちらに向かって歩いてくるひとりの尼僧を在フィラデルフィアのメリー・エルキントン（のちの新渡戸夫人マリ子）と見間違えて話しかけたが、下宿に戻ってみると、メリーからの最初の愛の便りが届いており、これが二人の交際のきっかけとなったという。伝記には類似のエピソードがこのほかにも紹介されており、こうした〝不思議〟が新渡戸には、単なる偶然の一致以上の意味を持つものであったらしい。夫人マリ子も夫を「相当の神秘家」と評していたといい[3]、〝神秘〟の世界への新渡戸の関心は、決して単なる興味や座興の域に止まるものではなかったことが窺われる。

こうした関連でもうひとつ興味を惹くのは、『編集余録』[4]にたびたび登場する、オキナと呼ばれる新渡戸の〝老友〟である。『編集余録』は、新渡戸が一九二九年から死に至るまでの四年余、英文大阪毎日および東京日日新聞に寄稿した短文集で、カナダ・ヴィクトリア市のジュビリー病院の死の床でなお執筆が続けられ、彼の死の知らせが新聞社に入ったのちも、なお十数篇が届けられたというものである。新渡戸の得意とする人生雑感風の随筆集で、内容は人生万般のことがらにわたっているが、この中で新渡戸の前にしばしば現われては語りかける謎めいた老人オキナは、新渡戸より十五歳年上という設定ではあるが、佐藤全弘も言うように[5]、新渡戸自身の分身であることは明らかであろう。

ある日、新渡戸が市街の堀に沿って散策していると、見慣れた恰好と足取りの人が前を歩いているのが目に入る。

彼の足はほとんど地面に触れていないかのようで、全体が霊気に包まれているように見えた。はじめ私は畏れを感じた。しかし勇気を振い起こし、好奇心にかられて、彼をつけてもっと近くで見ようと足を早めた。彼は、私が予想していた人物だということはすぐに判った。彼は私の友人のオキナだった。私はいつものように彼に近づいて声をかけた。彼がふりかえると、その眼はきらきらとした輝きに満ちていたが、しかしまなざしは穏やかであった。彼の容貌全体が神秘な光で輝いていた。(全一六・一七二)

新渡戸の前に現れるオキナには、常にこうした被膜に覆われたような非現実感が漂う。新渡戸はそうしたオキナとあるときは公園で出会い、あるときは自宅に彼を訪ね、彼の語ることばを聴く。オキナの語ることは自らの過去や身辺の雑事から、世の中の出来事をめぐる感想などさまざまであるが、オキナの言うことは新渡戸には常に謎であり、どこまでが真面目でどこまでが冗談なのか、いつも新渡戸を迷わせる。実際、『編集余録』そのものは、常の新渡戸らしい良識のことばを平易かつ明快に語った文集であるのにたいし、オキナの登場するシーンのみ一転して現実感が稀薄となり、その内容も、あたかも心の深部からおのずと湧いてくるイメージや考えをそのまま言語化したような趣があるのである。以下は死の二か月前の日付のある、「オキナのつぶやき」と題された文である。

オキナのために永年家のきりもりをし、オキナの癖や奇行を知りつくしているある老婦人が、オキナはだれも側にいないと思うと、不思議な行為にふけっていることを私に告げてくれた。

オキナがつぶやいていることばは、その婦人には独り言のように聞こえたが、オキナにとっては対話にちがいなかった。オキナのつぶやきは、いつも全部聞こえるわけではないが、数日前、とぎれとぎれにこんなことを話しているのが聞こえたという――。

「永く待たせてすまん……。すぐそちらへ行く……。もうこれ以上ここにいる気はしない……。今や真暗闇だ……。一点の光も見えぬ……。霊で武装した勇敢な兵士らを送ってくれ、心に真実を秘めたまことの古きサムライたちを……。にせものは駄目だ……。（全一六・五〇二―五〇三）

佐藤全弘は、オキナの対話の相手は三年前に死去した新渡戸の畏友・内村鑑三ではないかと述べている。(6) またこの時代背景には、ナチス・ドイツの台頭、日本の国際連盟脱退という世界の動きがある。一種の不気味ささえ感じさせる文であるが、文中の老婦人がおそらく新渡戸夫人その人であるとすれば、あたかも深層心理学のいう新渡戸の二重身のような存在オキナは、近づく自らの死の予感の中で、大戦開始前夜の世界の黙示録的な光景を幻視しつつ、すでに他界の人となっている内村を相手に、自己の心の深奥を独白していたのではなかったか。総じて初期の日本の代表的プロテスタントたちは、啓蒙的理性、普遍的真理性を至上かつ唯一の尺度として尊重し、そうした尺度で測りきれない〝あやしげな〟部分は前近代的なものの残滓として切り捨てた。そして蒙昧な世界からの脱出、絶縁によって信仰の基本姿勢を整え、「理性の光」のもとに身を置くことをもって新しい神への忠誠の証しとしたのであった。そのような雰囲気の中では、当然のことながら、「神秘」が信の世界の中に正当な場所を得ることはなかったのである。新渡戸にこうした〝神秘家的傾向〟があったことを、その信仰や思想の理解の上に過重に投影させることは当を得ないであろう。しかし少なくとも彼が同時代の他のプロテスタントたちのような啓蒙の子とはかなり異質の存在であったことは、彼の世界に近づく上で押さえておくべき事実であろうと思われる。では彼自身は、実際に何らかの神秘的な宗教的原体験を持ったのであろうか。

二　神秘体験と「内なる光」

新渡戸稲造にたいする大方のイメージは「人格円満な国際派良識人」であり、伝記的諸研究にも、彼自身に何らかの特異な神秘体験があったか否かについてはほとんど語られていない。ただ一伝記著者は、新渡戸十八歳の年の日記の一節に、「父ノ光ヲ見タリ」という甚だ意味深長な言葉がしたためられていることに触れている。同著はこれを、「今までになかった霊的な体験」、「誰しもがあずかることのない神秘な体験」(7)であったとしている。札幌農学校での入信表明からほぼ二年後のことである。ただしこの〝光体験〟が、その後の彼の生き方にどのような意味をもったかということについては、とくに印象的なことは何も語られていない。ただ当時新渡戸は、母との不幸な死別や眼病の悪化など、生活上の諸々の悪条件から一種の鬱状態に陥り、信仰上も懐疑が深まり低迷期にあった。そして、そうした状態にこの体験が何ほどかの活力を注入する契機となったらしいことが窺われるのみである。いずれにせよこの体験は、パウロの「ダマスコ途上の回心」に比せられるような、生涯に決定的な転機を画するようなものではなかったようである。とはいえ、心の深奥に突然に生じた体験が劇的な回心の契機となったという事例そのものは、日本の初期プロテスタントの間にも珍しくないが、それがある想念としてでなく、光という視覚的イメージとして生じたことが語られるのは稀である。こうした特異体験と前述のような神秘への資質をもった新渡戸が、「内なる光」を説くクエーカー主義と出会ったとき、ここに、まさに自らの求めに応じる信仰形態を見出したと考えることは、きわめて自然なこととして許されるであろう。

一九二六年十二月にスイスのジュネーヴ大学で行った講演「一日本人のクエーカー観」(原英文、全十五・三三二―三五一、和訳は全十九・四〇八―四三四）の中で新渡戸は、彼自身のクエーカー主義にたいする理解について次のように述べている。クエーカーの教えの出発点は、この世に生まれてくるすべての者に照射される「内なる光」の存在を信じることにある。「内なる光」には、「種子」、「声」、「キリスト」などさまざまの名が与えられているが、名称が何であれその意味するところは、すべての生ける者の中には、われならぬ力、ある〝神格〟が内在しているということである。これはクエーカー主義の唱道者ジョージ・フォックスが創出した考えではなく、神秘的なたましいの持ち主であれば、誰にでも生じる考えである。ソクラテスのいうダイモンもこれに近いものであったと思われるし、涅槃、寂滅をめざす仏教や、さらには道教なども、いずれもこうした人間に内在する〝神的なもの〟の体験的知を基盤として発展したものなのである。

こうした理解の上に成り立つ信の世界のありようは、当然予想されるように、「キリスト教」ではなく「宗教一般」のこととして語られることになる。『日本文化の講義』の第九章「日本人の宗教観」（原英文、全十五・一三六―一五一、和訳は全十九・一六九―一八八、以下の引用は同章より）で新渡戸は、宗教と信仰を定義して次のようにいう、「人が、未来のことであれ過去のことであれ、現世を超えた自らの存在について信じることが、その人の信仰をかたちづくるように思われる。そして、人がその信仰から行うこと、とりわけ礼拝行為が、その人の宗教を形成する」。ここで「現世を超えた存在」ではなく、「現世を超えた自らの存在」（傍点引用者）と言われていることに注目したい。ここでは、人が他界と現実との両領域にまたがる存在であることによってふたつの世界は互いに接触しあう。そして信仰は、正統キリスト教におけるように、超絶者と個の対峙においてなり立つ営みであるよりは、自らが他界と感応しつつ生きる者であることを体認することにおいてなり立つ営みなのである。同文章が、日本の神道を英語圏に紹介するという目的で書かれたものであることを考慮に入れるとしても、こうした理解はキリスト教をも含めた宗教一般についての新渡戸の理解に通底するものである。信仰は、過去と未来にわたって現世を超えた存在でもある個が神の臨在に直接に触れる体験においてなり立つ。宗教は「神の存在を知性で発見することではなく、その臨在を感じることである。神の属性や創造計画を哲学的に示すことではなく、その現前に触れること」なのである。こうした理解のもとでは、当然のことながら、信条や神学、教会組織等として外在化されたものは、いずれも人の宗教的生活を活性化させる力とはなり得ないのみか、人をして神的なものへと導く契機とさえなり得ない。「宗教は生命である、力である、学問や理屈ではない」のである。

三　原体験としての「カーライル」

さて、宗教を「生命的なもの」ととらえ、宗教における一切の外的な要素をしりぞける、いわゆる精神主義的な行き方自体は、初期の日本人プロテスタントたちの間にかなり広く見出だされる傾向である。しかし、同じく「生命」としての宗教が強調されるところでも、実際に生命としての宗教を生きる生き方にはさまざまな相があるであろう。新渡戸の理解にしたがって、宗教とは神の臨在を感じることであるという考え方に立てば、常に原点としての神の臨在体験に立ち返り、そこから活力を汲み上げつつ新たな生の形成に向かうことが、宗教的生活にとって重要な要件となる。通常、神的なものの神秘的な体験知が重視されるところでは、何らかの修行や心身の鍛練が欠くべからざるものとして求められる。何故なら、神の臨在に触れるという深い宗教体験は、一回的決断や、拱手してその訪れを待つという態度のみでは得られないだろうからである。しかし新渡戸は、瞑想や修行の中に神の臨在体験を求めるよりは、むしろ日常的生活において神の聖旨を実践するという生き方を目指した。その消息は以下のようである。

宗教は学理ではなく「感情」によって体認されるべきものではあるが、しかし「感情のみ」で充分なのではなく、同時に「意志の働き」と「行い」とを必要とする。

理性に由って解き能はぬものを信ずる一種の剛き意志こそ実に、宗教の根底で無ければならぬと思ふのである、聖書に神の旨を行ふものは、神を知れるなりと云ふ意味の文字がある。……知ると共に悉く之を行ふと云ふに至って、始めて宗教の極意に達し其の光明に輝らされたものなりと云はれやう。（全十・一六）

新渡戸の真骨頂ともいえるこうした健全かつ平明な良識の奨励の背景には、若き日のカーライル哲学との出会いがもたらした、ある原体験的な意味を見逃すことができないであろう。前述のように新渡戸は、札幌農学校でキリスト教への入信を表明した。しかしその初心は長続きせず、間もなく「神学上の懐疑」にとらわれるようになり、信仰をめぐって解答不可能な〝形而上学的〟難問を発しては級友らの怒りを買ったりしていたという[8]。加えてさきにも触れたように、母との不幸な死別や眼病の悪化による心身の衰弱から一種の鬱状態に陥っており、信仰的にも低迷していた。

そうした新渡戸に立ち直りのきっかけを与えたのがカーライルの著作との出会いであった。彼は『サーター・レザータス』を知るや、「渇者の飲を求むるが如き勢」でこれを読んだ。すると、「これまでの煩悶憂欝が、たちまち雲消霧散して、丸で復活したやうな気持」となり、爾来、同書を座右の書として三十回以上も繰り返し読んだと回想している。そして当時の自身の「霊魂病」にたいしてカーライルの思想がもたらした治癒的「効能」として、新渡戸は人生への次のような識見を与えられたことをあげている。

第一には、「世の中はジミなもの」で「軽々しい才子風」で渡れるものではなく、真面目で自信のある者が勝つということ。第二には、理想と現実は画然と分かたれるものではなく、理想とは決して人力で到達不可能な無限の彼方に存在するものではないということ。第三には、人において貴ばれるものは「キャラクター」(徳性を身につけた品性)であり、「芸」や「品行」のような表面的なものではないということ。新渡戸の処世への姿勢と、あわせてあらゆる階層の人々に向けて質実な「世渡りの術」を説いた、後の教育者新渡戸の原像が、ここに整えられたことを窺わせるものがある。重要なことは、こうした堅実な人生訓に触れたことが、〝霊魂病の治癒力〟としての効果をもたらしたと言われていることであろう(以上「ゲーテとカーライル」全五・一五五—一七七より)。カーライルの思想は、非日常的な観念の世界に浮遊して不安定な精神状態にあった彼を質実な現実の生活に引き戻し、空虚な観念の世界に真理を求めるよりは、日常生活における地道な努力の積み重ね、「修養」をとおして品性を陶冶することによって真実なるものに近づくことを目指す方向へと、彼の生き方を一転させる原体験的な意味をもったと言えるのではなかろうか。

四 「内なる光」と「宇宙意識」

このように新渡戸は、一方で神秘の世界への並々ならぬ関心とそれへの生来の感性を内包しながらも、実際の生き方においてはむしろ、宗教の本質を意志的なものと受けとめて、神の聖旨を健全な常識に支えられた実生活の中に生かし込んでいくという方向を目指した。しかしながら彼は、多くの啓蒙的知識人がそうしたように、理性によって解き能わぬ神秘の領域に属することがらを超越の彼方に棚上げにし、二元的な〝住み分け〟の論理に従って生きていたわけではない。あるいはまた、神秘的他界と現実とのかけ橋を人格的決断としての「剛き意志」に委ねていたのでもない。宗教の世界に属する他界とその力とは、世界観の構図としてはなお現実の彼岸に属していた。だが人が「現世を超えた存在」であり、「内なる光」によって他界と感応する存在であることにおいて、二つの世界は実質的に交感する。すなわち他界と現実は、論理的にはなお異次元に属するが、人が「内なる光」に照射され神の意志を生きることにおいて、両者は実践的に接触するのである。

他界的な力と現実との接触が一個の人格において理想的に具現されたありようを、新渡戸はしばしば左記の愛吟の古歌に託した。

うつるとは月も思はずうつすとは水も思はぬ広沢の池(9)

月は池に映ろうとして照るのではない。池もまた意図的に月を映すわけではない。池はおのずと月の美を水面にあらわすのである。これこそ神の聖旨が人において現化する真実のありようである。「敢て神の光を顕はさんとにあらず、神の意に適ふことを知りて、日々に之れを実行すると自然とその身から光が出るのである」(全十・一八)。

ところでこのように、天空に冴えわたる月とそれを映す水面にたとえられるような、神と人との静謐な融合一体の境地は、生身の人間においていかにして到達可能なのであろうか。そもそも、修養によってそのような境地に達することが可能な人間は、罪によって神性から隔絶されている正統キリスト教的人間とは、全く異なる根本構造をもつものでなければならない。仏教の涅槃、寂滅にも似たこのような境地が目指される背景には、どのような人間観が控えているのか。新渡戸における「内なる光」の意味の吟味を手がかりに、この点についてなお少しく考えてみることとしたい。

そもそも「内なる光」とは、それが唱道されたクエーカー主義においては、キリストによる救いという啓示の受容を可能とする霊的な働きを意味するものであった。すなわち聖書や教会に優先してキリスト教信仰成立の究極の根拠とされたのが「内なる光」であった。しかしながら新渡戸においては、〝光源〟としての神性そのものは、必ずしも教義的に明確に自己規定されるような対象ではなく、キリスト教の教義や伝統をもつきぬけて、あらゆる宗教に通底する神的な何ものかであるようである。あえて言えば、新渡戸における「内なる光」は、彼の宗教的感性が絶えずその存在を暗示し続けた、神秘の他界からさしてくる光であったと言えるのではなかろうか。

さて、新渡戸は、彼自身の感性が予感させた神秘の他界と現実世界との関係については、あえてこれをロゴス化することは試みなかったが、「内なる光」とは何なのか、ということについては、彼自身の考えるところをわずかながら言語化している。前述の「一日本人のクエーカー観」と題する講演の中で新渡戸は、カナダの一精神医学者の説として、人間の意識の発達についての次のような説を紹介している。人間の意識の発達には、知覚、感受、概念化、直観の四段階があり、これらの意識はさらにその上に、「宇宙意識」(cosmic consciousness、他の箇所ではcosmic senseとも言われている)と呼ばれる意識を頂いている。初めの四段階に達することは、正常人にとってはそれほど難しいことではない。「だが」、と彼は続けて言う、「それよりも更に高い段階があって、そこではわれわれは大いなる宇宙と融合し、あらゆるものに充満する生命の拍動を感じとることができるのではなかろうか。それは小宇宙と大宇宙とが合一する意識の段階で、そこに至るやわれわれは、この宇宙に貫通して働く偉大な神霊と一体であることを、ただちに感得することができるのである」と。新渡戸によれば、こうした大いなる生命と個的な生命との合一への志向はとりわけ東洋哲学において顕著にみられる。しかしそれは、いかなる人によっていずれの場所で体験されようと、同一の体験なのである。G・フォックスやヤコブ・ベーメの光体験、パスカルの光明体験、ソクラテスやジャンヌ・ダルクの「神の声」体験、さらには聖パウロやモハメッドの光体験等々、その現われ方はさまざまであるが、いずれも同様に、心身のエネルギーの高揚、たましいの平安、歓び、世を捨てる覚悟、全人類への愛へと人々を導くのである。そして言う、「クエーカー主義の教理の中心は、彼らが『内なる光』と呼ぶこの宇宙意識への確信である。その諸々の教義はすべてここから生まれた付随物に過ぎないのである」と。

ここでの当面の課題は、現代の心理学や精神医学に照らしてこの意識の発達段階説の当否を問うことではない。さしあたり注目したいことは、新渡戸が「内なる光」を、「宇宙意識」という人間意識の最高度の発達段階と結びつけていることである。確かに「内なる光」は学理による探求の及ばぬ、その意味で超越的な他界に根源をもつ光である。だが「内なる光」の感受という宗教的体験の生じる場は、人間の意識という経験心理的領域にある。そこでは〝光源〟としての神性と人間との関係は、絶対の隔絶、到達不能な断絶ではない。「内なる光」の受容体験は、生身の人間における神的なるものの現化であり、皮膚が適温を好み、口が食を味わい、耳が音を聞くように、人心は宇宙の霊力と合体するのである。あえて言えば、新渡戸においては神性そのものは無限定な知られざるものであり、「宇宙意識」に到達し神性を体現した人間において、初めて現実となるのである。

五　「悲哀の宗教」

さて、「宇宙意識は精神の照明であり、ひとつの新しい精神力の獲得である。それは心の純化であり、地上の人間が、より高次の存在領域へと高まることである」（全十五・三四〇―一）。そこには、宇宙意識に達した者にのみ開示される真理の世界が開かれる。「霊的な真理は宇宙意識の地平に達した者にだけ開かれ理解されるので、語られることばや、まして書かれた言語にはなじまないのである」（全十四・五五二）。これは『日本人の特質と外来の影響』の第六章「俳句について」（原英文）からの引用である。ここで新渡戸は俳句を英語文化圏に紹介して、俳句は「宇宙意識の言語的表現」であると言っている。俳句とは宇宙意識に映じた自然美の世界、あるいは、宇宙意識において自己と自然とが彼我一体となった境地の、凝縮された言語的表現であるということであろうか。芭蕉は宇宙意識に達した心の段階を、「風雅」という芸術性において、俳句という形式をとおして表現した。同様に、宇宙意識は「精神の照明」として、存在のあらゆる領域の真実相を照らし出すのである。では宇宙意識に達した精神が倫理性において発動するとき、そこにはどのような世界が開けてくるのだろうか。

新渡戸が人生の諸相に「悲哀」を観じる人であり、キリストを「悲哀の人」と呼び、キリスト教を「悲哀の宗教」と呼んだことは、広く知られているところである。悲哀とは、一般的には人生における不幸や満たされぬ状態によって惹き起こされる感情である。親しい者との別離、病や死、世に悲哀の種を持たぬ者は一人もいない。またうわべは明るく前向きに生きているように見える人々にも、その裏には人知れぬ人生の哀しさが秘められている。「宇宙全体が悲哀にみちたものではあるまいかとも思はれ、進化は悲哀の歴史ではなからうかとも疑はれる」（全十・六一）。そして次のような仏教説話を語る。一人の女が釈迦のもとに来て、死んだ子を甦らせてくれと頼んだ。釈迦は承諾して、まだ死人がでたことのない家に行ってその家の庭にある木の葉を持ってくるようにと言った。女は喜んで出かけたが、死を知らぬ家庭はどこにもなかったので、釈迦のもとに戻り、愛する者を失うことは人生に避けられぬものであることを知ったので、もはや子を甦らせなくともよいと言ったという。

新渡戸にとってこの話の意義は、不幸なのは自分だけではない、すべての人が同じような境遇にあるのだと知ることによって諦めの境地に達するという、単なる心理操作による立ち直りをすすめることにあるのではない。この話の意図するところは、人生の真相は悲哀そのものであり、生きることは悲哀の充満の中を生きることであるという、人生の真実相に人の目を開かせることにある。人は快楽や勝利の絶頂にある時にさえ、忍び込む哀感を避けることはできない。「快楽の追求者が目的を達成し、野心家が成功を収めたとしても、彼には依然としてあわれという孤独感が残るのではなかろうか？」（全十五・二九）人生の諸相に快よりも悲を感じるとること自体は、あるいは新渡戸の個人的な気質によるところもあったかもしれない。しかし、快楽が表層的な感情であるのにたいして悲哀がより根源的で純粋な、広い感情であると言われているのは、新渡戸の世界においては悲哀のうちにあることが人間存在の真実相であり、悲哀の感情はこの存在の真相から発してくるものだからである。悲哀という人生の真実相を身をもって知ることはまた、生への勇気を与え、人生に積極的にかかわる姿勢を整えさせる。ここに「悲哀の使命」がある、と新渡戸は言う。また他者のありように悲哀を感じることは、彼にたいして「同情」をもって接する態度を生む。「同情は悲哀の表現」である。人生の悲哀を知る心から同情が生じ、そこに他者との共感的交わりが生まれる。ここにおいて悲哀はもはや人生の諸相への単なる情緒的反応にとどまらず、人間関係における真の連帯を可能とする倫理的原動力となるのである。ところで、悲哀感そのものがすべての人間に生得的かつ普遍的な感情であるとしても、悲哀をばねとしてこのような生への高貴な姿勢を整えることは、通常の人間の容易になしうることではないであろう。新渡戸においてその辺の消息はどのように考えられていたのか。

『日本文化の講義』の第一章「日本民族」（原英文、全十五・一三一―一三二、和訳は全十九・一七―四二）の中で、新渡戸は日本のいわゆる「もののあはれ」に触れて次のようなことを述べている。「もののあはれ」という観念は日本文化の産物であるが、「あはれ」そのものは日本人だけに特有の感情ではない。いずれの国の人であれ、偉人とはものごとの悲哀の本質を知る人であり、それゆえに優しさ、憐れみ、愛情をもってことを処することのできる人である。悲哀はいわば、全人類が共有する高貴な感情なのである。日本人はこれを、「もののあはれ」という特有の文化として結実させたが、それはあたかも、全人類が共有するあはれという「旧い火山岩の露出面に造られた庭園のようなもの」なのである。あたかも本居宣長にとって、彼がその中にいる世界がもののあはれの海[10]であったように、新渡戸にとって彼を取り巻く世界は悲哀の海であった。ここで彼は「もののあはれ」と「宇宙意識」とを結び付けて次のようなことを述べている。「私はこれまでしばしば考えたのだが、『もののあはれ』とは宇宙意識であり、存在を認識することであり、宇宙の霊性を共有することではなかろうか」。新渡戸はここで、あはれのローマ字綴りAWAREを英語のAwareとかけて、あはれとは存在の認識Awarenessであるといっている。「あはれ」とAwarenessとの〝かけあわせ〟はともかくとして、ここに現れてくるのは次のような世界ではなかろうか。

存在のあらゆる領域の真実相を照らし出す「精神の照明」としての宇宙意識は、悲哀の海という世界の真相をも開示する。ところで前述のように新渡戸においては、宇宙意識とは「内なる光」そのものであり、宇宙意識という精神の段階は、「内なる光」を受けることによって達せられる境地であった。そしてこの光は、基本的には神秘の彼方に光源をもつものではあったが、実践的にはクエーカーの教義に従って、永在の人格としてのイエス・キリストそのものと受けとめられていた。人はキリストを「内なる光」としてたましいの深奥に受領するとき、キリストと一体となり、キリストの心をわが心として生きる者となる。[11]新渡戸にとってキリストはまた「悲哀の人」でもあった。それゆえキリストの心になる者は、悲哀という大宇宙のこころそのものと合体し、真に悲哀を知る者としての境地を生きる者となるのである。

おわりに

おわりにまとめにかえて、こうした新渡戸の世界の現代的意義について二、三触れておきたい。新渡戸において神的なものとその光を受ける人との関係は、前述のように、月とこれを映す池の水面にたとえられた。ところでそこでは、光源である月は一つであっても、その映り方はさまざまである。「神の力が人の心に働き、更らに之れが外部に顕はるるに至る有様は、人々の個性によって異ならねばならぬ筈である。各人同一の神に、其の心が照らさるるなれども、其の光が身の外に顕はるる時は、各々光の色が違って見える」（全十・一八）。これは直接にはキリスト者個人のあり方について言われたことばであるが、この理解は当然キリスト教の枠をも越えていく。そこではおのずと予想されるように、正統キリスト教の場合のようにキリスト教の固有性・絶対性が主張されるよりは、基本的にはキリスト教もまた世界の諸宗教や哲学と並んで、人をより高い存在領域へと導く道のひとつと受けとめられていた。ではいわゆる啓示宗教には何らの優位性も認められないのか、という問いにたいして新渡戸は次のように言う。キリスト教は弱い平凡な人間に、心を集中すべき具体的な目標を与え、「全き人」を発見させることにおいて有利（優位ではない）である、と。このように新渡戸は、キリスト教固有の意義を、その真理性においてではなく、宗教的生活を営む上での有効性に見ていた。人をより高い存在領域へと導く力そのものは、決してキリスト教の独占物ではない。それゆえもしも宗教人として、この力を体得した他宗教の人を互いに同胞と認めることを拒む者がいれば、それは彼が「まだ真理に達していないしるし」（全十五・三四一）なのである。

しかしながら、新渡戸自身が「光」の中に見たものは、東洋の神秘家が見たような「無定形の」光ではなく、あくまでも「王の王」としてのキリストであり、彼の究極の目的は、「あはれ」と「なさけ」という「東方の入り口」を通って「悲哀の人」キリストが建てた「神殿」に入ることにあった。しかしそれは、キリストとその神殿のみが彼のたましいにとって唯一の平安の場所であったからであり、そこが諸々の神殿のうちで最高の場所であったからではない。彼の生は、彼自身にとっての最高価値であるキリストによって実践的に満たされることによって充足するのであり、その価値の形而上学的、思弁的真理性の如何を問うことは、彼の関与するところではなかったのである。

こうした新渡戸の姿勢には、他宗教や諸々の価値にたいする独特の寛容の可能性を見ることができるであろう。新渡戸にとってあらゆる種類の「光」は、すべて神秘の他界に根源をもつのであり、それゆえに等しく尊ばれるべきものであった。だが彼自身はあくまでもキリストという「光」の照射形態に身を置くことにおいてのみ充足する。ここには、自らの信の立場のみで完結し、他の立場には無関心な態度をとる寛容とも、自らの信の立場のみを絶対として他の立場との共存を耐え、忍ぶという意味での寛容とも異なる独特の寛容がある。ここには、信の世界とはいえいかなる種類の〝ドグマ性〟もなく、従って他者との競合や緊張関係とは無縁の穏やかな世界がある。生の最高段階への到達を目指すものは、すべて同朋として互いに学びあいつつ真摯な生の道程を歩むのである。多元的価値の時代に信の世界に生きようとする者にとって、ひとつの示唆を与えるものであると言えよう。

さて冒頭に、新渡戸の世界を近代日本のプロテスタント界でやや異質に感じさせるゆえんのひとつとして、彼に一種の神秘家的資質と超常的世界への少なからぬ関心があったことをあげた。そして、彼において現実と他界というふたつの世界は、「内なる光」と受け皿としての「宇宙意識」という主体の経験的基盤を介して交感し接触することを述べた。湯浅泰雄は、深層心理学の観点から東洋思想を研究した中で、「東洋の形而上学は、常に、人間の主体的体験の心理的基盤から離れえないものである」というユングの言葉をひきながら、西洋の形而上学では、多くの場合、知の客観性は主体の心理的体験的基盤から切り離されているのにたいし、東洋思想では哲学と心理学は常に一体不可分であることを弁えておかねばならないとしている。[12]そのように言えるとすれば、新渡戸の世界は、その知のあり方においては、むしろ東洋思想の伝統的思考様式に重なるものであったと言えるであろう。では、湯浅に従って、東洋が体験の基盤から生い立った哲学的思索にもとづいて知の世界を構築したとするならば、新渡戸の世界ではこの点はどのようになっているのだろうか。

さきに言及した「霊的の現象」と題された一文の結びにおいて、新渡戸は欧州で体験した種々の心霊現象について紹介したのち、次のようなことを述べている。なぜ自分が多言を費やしてこのようなことを述べたかといえば、偽物の多い中にも真実の霊的現象もありそうに思うからである。もしそれがあるとすれば、人類にとってこれほど貴い賜物はなかろう。科学学術によって説明できぬものは世にないかのように思うことこそ、かえって迷信のはなはだしいもので、現代の科学の方法を過信するものは、人間の理性の力を測り誤るものと言わねばならない。あたかも理屈一方の人が宗教家を迷信家というように、理屈のみで万事を測ろうとするものこそかえって迷信の極端に陥ったものではあるまいか。[13]

気軽な感想として述べられたものではあるが、この問題をめぐっての新渡戸自身の「知」のありようを窺わせるように思われる。彼にとって神秘の他界は、決して超越の彼方に二元的に住み分けられる世界ではなく、日常の中に経験可能な現象をもって介入しうる世界であった。そのような世界にかかわる知は、当然、啓蒙的知性とは異なる枠組みをもつものでなければならないであろう。だが、そうした世界をも取り込み得るような、新たな知の枠組みを模索するなどという哲学的試みは、新渡戸の関与するところではなかった。さらにまた、いつの日かそうした知の世界が構築される日がくることを新渡戸が期待ないし予想していたか否かについても、推測の域を出ることはできない。加えて、啓蒙の時代を生きた良識の人・新渡戸としては、そうした世界に深入りすることには禁欲的であらざるをえなかった面もあったであろう。だが少なくとも、新渡戸の生がそのような世界観の構図の上になり立つものであったことは、彼の世界を理解する上で確認しておくべきであろうと思われる。そして、東洋的知に根ざした新たな知の枠組みの形成が模索されている現在、新渡戸における知のありようは、思索的に練り上げられたものでこそなかったが、そうした現代的関心を先取りするものでもあったと言えるのではなかろうか。そしてその世界には、そうした東洋的知とキリスト教信仰と国際的良識との、実践面における好ましい調和を読み取ることができるであろうと考える。

〈注〉

(1)『新渡戸稲造全集・別巻』、教文館、一九八七年に収録。
(2)佐藤全弘『現代に生きる新渡戸稲造』、教文館、一九八八年。
(3)佐藤全弘『新渡戸稲造——生涯と思想』、キリスト教図書出版社、一九八四年、四五九頁。
(4)原英文、『新渡戸稲造全集・第十六巻』に収録。和訳は同『第二十巻』に収録。
なお原文が英文のものは、佐藤全弘氏の訳文を参照して筆者自身が訳した。
(5)佐藤前掲書、四六九頁。
(6)佐藤前掲書、四七三頁。

(7)松隈俊子『新渡戸稲造』新装第一刷、みすず書房、一九八一年、七一―二頁。
なお新渡戸の神秘主義については、佐藤『新渡戸稲造――生涯と思想』にも触れられている。
(8)内村鑑三『余はいかにしてキリスト信徒となりしか』『内村鑑三信仰著作集2』、教文館、一九六二年、三二一―二頁。
(9)道元の『正法眼蔵』「現成公按」に、人とさとりの関係について次のような記述がある。「人のさとりをうる、水に月のやどるがごとし。月ぬれず、水やぶれず。ひろくおほきなるひかりにてあれど、尺寸の水にやどり、全月も弥天も、くさの露にもやどり、一滴の水にもやどる。さとりの人をやぶらざる事、月の水をうがたざるがごとし。人のさとりを罣礙せざること、滴露の天月を罣礙せざるがごとし」。
(10)相良亨『本居宣長』、東京大学出版会、一九七八年参照。
(11)東京女子大学時代の教え子松隈俊子氏は、常に新渡戸から「キリストの心になれ」という薫陶を受けたと回想している。松隈俊子「キリストの心になれと説かれた時の衝撃」、『新渡戸稲造研究』第2号、盛岡、新渡戸稲造会、一九九三年、二〇四頁。
(12)湯浅泰雄『東洋文化の深層』、名著刊行会、一九八二年、二六頁。
(13)湯浅は「新渡戸稲造博士と超心理研究」(『宗教経験と深層心理』、名著刊行会、一九八九年に収録)という一文で新渡戸の「霊的の現象」を紹介し、この部分を「興味ある感想と思う」として引用している。

その他の参考文献

(1)佐藤全弘『新渡戸稲造の信仰と理想』、教文館、一九八五年。
(2)太田雄三『〈太平洋の橋〉としての新渡戸稲造』、みすず書房、一九八六年。

(3)丸山キヨ子「新渡戸稲造——その生涯にみるキリスト教精神」、『プロテスタント人物史』、ヨルダン社、一九九〇年。
(4)佐藤全弘『新渡戸稲造の世界』、教文館、一九九八年。

第五章　三谷隆正
——その信仰と思想に関する一考察——

はじめに

三谷隆正（一八八九—一九四四）は、第一高等学校に在学中、新渡戸稲造、内村鑑三に師事してその影響のもとにキリスト教に導かれ、同門の塚本虎二、藤井武、黒崎幸吉らとともに「内村鑑三を継承した人々」の一人、「無教会二代目」として位置づけられている。[1] 公的生涯の大部分は旧制高等学校の教師として法学、法哲学等を講じたが、そのかたわら、ギリシャ古典を始めとする西洋精神史への深い造詣に支えられた、教養派的人生論ともいうべき著書を数多く著わし、当代の人々、ことに昭和初期の知的青年層に多大の精神的人格的感化を与えた。その謦咳に接した人々の証言によれば、彼は決していわゆる孤高の人でも厳格主義者（リゴリスト）でもなかったが、にもかかわらず一高生のころから級友たちの間で「群鶏中の一鶴」と称され、その際立って端麗な容貌と清らかなたましいから流れ出る高貴な個性が、接する者におのずと深い畏敬の念を抱かせずにはおかぬという人柄であったという。[2]

三谷隆正の名は、内村との関係から一般には無教会に結びつけられているが、彼は同門の知友らのように聖書集会や個人誌の刊行等による無教会的伝道を行ったわけではなく、生涯の中には教会と積極的なかかわりをもった時期もあった。また信仰的立場においても、内村の世界の核心である十字架による罪の贖いの信仰は、決して受け継がれなかったわけではないが、彼にとっては少なくとも第一義的な関心の対象とはならなかった。三谷隆正の世界は、思想史の上ではむしろ近代後期の教養主義的思想の流れに位置づけるほうがふさわしいように思われる。彼は、大正期の知的青年層をとらえたいわゆる「自我の問題」を共有しつつ思索世界に入り、自己の内面の凝視をとおして、そこに一個の「私」を超えた他者的存在としての神を見いだし、この体験知を基盤として独自の思想を結実させた。その本領は、西洋精神史の遺産に養われながらも教養主義に特有の知的観照の立場にとどまることなく、固有の信仰的生き方を確たるものとしたところにあった。信仰者としての彼の基本姿勢は、あくまでも神の前に単独者として立つことにあったが、同時に彼は、他者とともにあること、彼自身の言葉で言えば「人と人との相生相活」をもって人間の本来的なあり方ととらえていた。また、その思想構築の基礎は西洋精神史によって培われた個としての人格概念にあったが、一方で彼は、西洋近代の個人概念のもつ原子論的抽象性をしりぞけた。そして、特に法学者としての立場から、国家を歴史的所与として個に優先させ、国法への随順による自由と正義の実現を説いた。そうしたところに、三谷の国家論、法哲学は純理論的な国家の理念にもとづいてそこから抽出される行為規範を提示するにとどまり、十五年戦争下の国家主義にたいする批判力として機能するものとなりえなかったという批判(3)が出てくるゆえんがあった。しかしながら、そうした〝危うさ〟を内包しながらも、三谷の信仰と思想は、この国におけるキリスト教信仰の主体化の道を探ろうとする者にとって、良くも悪くも興味ある問題を含んでいるように思われる。本章はそうした関心から三谷の世界を検証し、その特徴を探ろうとするものである。

一　生涯

本論に先立ってまずその生涯を瞥見しておきたい[4]。

三谷隆正は一八八九（明治二二）年二月六日、横浜の生糸輸出会社に勤務する父宗兵衛と母こうの長男として、神奈川県神奈川青木村に生まれた。弟妹に隆信（のち侍従長となる）、妙子（山谷省吾に嫁す）、田鶴子（日本赤十字社社長川西実三に嫁す）らがおり、異母姉にのち女子学院院長となる民子がいた。小説家長谷川伸は異父兄にあたり、その戯曲『瞼の母』のモデルは隆正の母こうであるという。

隆正より十六歳年上であった姉民子は弟妹をキリスト教精神で教育し、隆正も幼少のころから教会の日曜学校に通い、中学は明治学院普通部に学んだ。弟隆信によれば、「洗礼も受けていたのではないか[5]」という。中学卒業後、第一高等学校（英法）に進み、校長新渡戸稲造の薫陶を受け、国際的視野をもち人間同士の交わりを重んじるその人生観を学びとった。のちに教育者の道を選んだのも新渡戸の影響によるものであったという。同級に真野毅、森戸辰男、川西実三、南原繁らがいた。一九〇九（明治四二）年、新渡戸門下の学生たちが彼の紹介で内村鑑三の門に入り「柏会」と称するグループを結成し、内村の聖書集会に新たな活力を注入したことはよく知られているが、三谷もそのメンバーの一人であった。

一九一〇年、東京帝国大学法科大学英法科に進んだが、豊かな資質に恵まれた三谷にとって唯一の不幸は若いころから病弱であったことで、東大在学中も病のために一年間休学している。一九一五（大正四）年、東大卒業と同時に岡山の第六高等学校の教授となって赴任し、法学とドイツ語を講じた。この時期、岡山の蕃山町教会（日本基督教会）の会員となり、長老として奉仕したこともあった。一九二三年一月九日、三四歳のとき、内村鑑三の司式により児玉菊代と結婚した。翌年三月に女児が誕生、夫妻に「家庭団欒」[6]の至福をもたらしたが、赤子は生後わずか三週間で死去し、妻もまた三か月後にその後を追った。前後して三谷自身も病が再発し、妻の最期を看取ることも葬儀に列することもかなわなかったという。この不幸な出来事は、彼に生涯癒されることのない悲しみを与えたが、同時にかけがえのない個の絶対価値と、その個をめで慈しむ神の愛に目覚める決定的な契機となったと思われる。

一九二六年三月、六高教授を辞して東京に移り、翌二七（昭和二）年、第一高等学校の嘱託講師となり、二九年、同教授に就任した。東京に移転した年に処女作『信仰の論理』を岩波書店から出版、以後『国家哲学』（二九年、日本評論社）、『問題の所在』（同年、一粒社）、『法律哲学原理』（三五年、岩波書店）、『アウグスチヌス』（三七年、三省堂）、『知識・信仰・道徳』（四一年、近藤書店）等の著作を公にした。遺作となった『幸福論』は四四年三月、死去の翌年に近藤書店より出版された。このほかに随筆等からなる『世界観・人生観』（四八年、弟隆信の編集により近藤書店より出版）、一高時代の講義、論文を教え子らが編集した『法と国家』（四九年、近藤書店）がある。この間三九年に静岡高等学校長に任ぜられたが、病を理由に数か月で辞任している。

太平洋戦争下の一九四二年、五四歳のとき、黒崎幸吉の司式、石原謙夫妻の媒酌で森豊子（羽仁五郎の実妹）と、友人近親の「好意の洪水」（三谷の書簡より）のうちに結婚し、再び平和な家庭生活に恵まれたが、間もなく病が改まり、敗戦前年の一九九四年二月一七日、家族や知友の見守る中で、自宅において永眠した。

二　「自己凝視」から「徹底他者」へ

さきにのべたように、三谷には専攻の法学関係の著書の他に、いくつかの教養的人生論風の著作がある。それらはいわゆる狭義のキリスト教書ではないが、彼自らの人生体験と思索から編みだされた信仰的著述である。まずこれらを主な手がかりに、「自己凝視」から「徹底他者」へという三谷の「信仰の論理」、その内的世界のありようを探ることから始めたい。

　今や、世をこぞりて、自己に眼醒めよ、自己を凝視せよと呼ばわりつゝある。今の世に、自己とか自分とかいふ言葉ほど、人気のある言葉は他に見出し難いであらう。

処女出版『信仰の論理』（『三谷隆正全集第一巻』一八頁、以下、全一・一八と略記）の冒頭において三谷はこのように、当時の知的青年層をとらえた風潮に言及する。だが彼らが凝視しようとする自己は、果たして真の自己覚醒につながる価値を内包した自己であろうか。「それを私は問題にしたい」（全一・一九）と彼はいう。彼は、自己省察を思索と実践の基盤に据えようとす当代の風潮を基本的には承認しながらも、その自己省察の姿勢と自己の内容とを彼自身の体験と思索によってとらえなおし、内的世界の真実相を開示しようとした。それが三谷の、とりわけ『信仰の論理』の意図であった。

さきの引用文に続けて彼はいう、「自己とは何であるのか。何処にあるのか。我々が自分自身を凝視して徹底せんとする時、我々の逢著する所のものは何であるか」。

この言葉はわれわれに、三谷と同世代に属するキリスト教界の自我追求者・高倉徳太郎の、「自我とは一体何であるか、どうすればこれを解放し、充実し、徹底せしめることができるか」[7]という問いを想起させるであろう。だが三谷における自己凝視は、高倉がなしたような、個別者としての自己自身を内省する行為とは異なる。いわんや、たとえば安倍能成が、「我等は……むくむくと新たに起って来た我の自覚の、熱くして抑え難いのを感ずる有様であった。我等は何とはしらず偏えに「我」の力を感じた。そしてこの力の感じをもって、向こう見ずに当りちらしたい様な心持であった。我なくば人生も世界もない、我を離れては国家も家庭も何でもない様に感じた。我は一切である、我なくば無である」[8]と述懐したような、生身の自己自身の情念に発する我の自覚とも全く異質のものであった。三谷のいう自己とは、それ自身が目的とみなされる（カントを想起させる）価値概念であり、現実の個別相としての自己は、雑多な現実の内容がこの価値概念の下に統合されたものである。人間としての自己の独自の価値はこの理念的な価値に由来するのであり、単にそれが他と異なる差別相をもつことにあるのではない。それゆえ、「現にあるがごとき個我の実相を如何ほど解剖し分析しても、そこからは自己の問題の解決は出て来ない」（全一・二六）のである。何故に自己の残骸にすぎぬ個我の現実相のみを凝視せよとすすめるのか、と彼は問う。

　こうした三谷の批判は自然主義者流の執拗な生身の自我への固執に向けられたものであり、彼のいう自己にはカントの理想主義的人格概念の投影があることはいうまでもない。しかしなお三谷自身にとっても、「我在りて、他と異なることは、一切の思索と実行との出発点」（全一・一九）なのであり、そこで問われ検証の対象となるのは、普遍的な抽象概念としての人格ではなく、あくまでも彼自身の内部に確かな手応えをもつ実在としての自己であった。従って、そのようなものとしての自己を吟味するということは、単なる思索的な営みではなく、自らのたましいの内奥に目を向け、これを内省するという宗教的営みともいうべきものであった。それゆえその営みはまた、とりもなおさず自らの独自の価値の根源、その存在の究極的な根拠を問うことにもつながる。では、そうした自己省察の営みをとおして彼が自らのたましいの内奥に見いだしたものは何であったのか。

高倉徳太郎が自我への問いの極みにおいて「自我ならざる絶対他者」としての神を体験したように、三谷もまたその自己省察の営みをとおして、自己にとっての「或る『他者』」を見る。だがその探索の姿勢と探索の結果開かれた世界とは、高倉のそれとはいささか異なる。[9] 人はすべて己に代わる個をもたぬ「独自なる一人」であり「独一なる価値」である。しかし一歩を進めてその内容を検索するとき、そこには果たして徹頭徹尾、自己の所有といえるものがあるか。そもそも自己の出生それ自身が、自己一個の独力によるものではない。自己の身体そのものさえ、自己の思うままにならない。「余一個は余自身にとっても謎である」。そして、そうした謎としての「余自身の根柢」を彼は、「余自身にとっても、知られざる或る者」、「不思議なる或る力」、「或る『他者』」であるという（全一・三一）。自己自身の根柢が自己にとっても謎であるということは、「我一個の内容」はそれに先立つ人類何万年の歴史をとおして、幾多の他によって準備されたものであるというたぐいの認識であったが、同時にそれは、自己の内部に「我が意志に抗する或る他力」（同前）を体験することでもあった。そしてその他力とは、その前に「我らは敬虔なる感情を以て拝跪せざるをえない」（全一・三六）という力でもあった。この徹底他者を神とし、その力を畏怖をもって体験すること――これが三谷の信仰的世界の基盤であった。

ところで、この「自分を絶して他なるもの」としての神との出会いは、彼自身、「そこで始めて私は大人になった。それは私にとって画期的な転向であった」（全二・一九六―七）と述懐しているように、確かに三谷の生涯における信仰的原体験ともいえるものであった。しかしながら、「我は最早或るわたくしなるものでなくして、普遍的なるもの、私宝でなくして、普遍価であり、世の宝である。かくてのみ自己一個が真に尊い。その独創が貴い」（全一・三六、以上傍点引用者）などという表現には、深い意味においてではあるが、なお普遍的理念を希求する一種の教養主義的姿勢がみられるといえよう。徹底他者の力に圧倒された者の個的な体験の世界がいっそう如実に展開されるのは、この「他者」についての以下のような記述においてである。

三谷が自己の内奥において「面接」する「自分を絶して他なる者」とは、単に至高至善者として言い尽くされる存在ではなく、同時に、人間の自由な道徳的意志の活動を阻む理不尽な力の主でもあった。義人は至誠が必ず貫かれることを信じて勇躍する。だがこの「至誠至純の躍進」は、「全く理由なしに阻止されるのである。少くとも人間の理解力を以てしては、理解し得るやうな理由なしに阻まれるのである」。至誠の貫徹を信じる者にとって、それは「圧倒的な他者の抵抗阻止」の力として感ぜられ、その力の下には「最も自由にして潑剌たるわれ」さえも、「見るかげもなく崩れ」てついえ去る。これこそ自己にとっての最も「痛烈深刻なる他者他力の体験」なのである（以上、全二・三二〇—三二一）。ここでは、至誠の貫徹への意志とそれを阻止する力との対立拮抗が、いわゆる内なる善悪、霊肉の葛藤とは異なるものであることに注目したい。すなわち、至誠の貫徹を阻止する力は、霊に対立する肉の力ではなく、共に同じ「圧倒的他者」から発する力であるということである。ここでは（あたかもヨブ記の世界のように）、至誠の貫徹を促す力もそれを妨げる力も、ともに「徹底他者」に属する。三谷における「自己を絶して他なる者」とは、植村正久を支えた「道念」、正義の根源としての神とも、高倉徳太郎のエゴイズムに呻吟する自我を解放する神とも異なる。それは、いわばあらゆる人間的分別を超絶し、善悪の彼方に立つ存在である、とでも言うべきであろうか。他者の力はまさに人間の知的道義的判断を絶するがゆえに「圧倒的な他者」の力として迫るのである。

自己を凝視する個にとって、この圧倒的他者の力を体験することは、「最も深刻なる抵抗の経験であると同時に、又最も強烈に斯の抵抗する者の実在と実力とを思い知ら」（全二・三二二）される経験でもある。その実在とその力とは、自己の全存在を圧する力として人を戦慄させる。自己はその力の前におのれの無力を悟り、すべてを投げ打ってこれに畏服するのみである。だがそのような理不尽な力の前に投げ出された自己は、決して為すすべもなく立ちすくむわけではない。そのような他者の力を体験した者は、かえって自己の思慮や工夫によらず、他者の側からの威力に牽引されて生きる者となるのである。

そうした生き方の極致を三谷は、イエスその人の生涯、とりわけゲッセマネから十字架に至る最後の足跡の中にみる。

彼（イエス）自身は能ふべくんば此苦き杯を免れ度いと願った。然し神の意志は十字架にあった。故に彼は神の意志に従って十字架に上った。その一生を通じてイエスは神に強ひられた人であった。彼は神の側より不可抗の偉力の彼を牽くことを感じた。そうしてその不可抗の他力に充たさる丶の感を経験した。（全一・六一）

このようにイエスは他力の牽引に自らを任せきることにおいて神意そのものを具現した。そして宗教だけでなく学問や芸術の世界においても、偉大といわれる仕事はすべて、「此他力の強大なる牽引を感じ、それにひかれてその他力の衷に自力を没し得たる人」（全一・六二）によってなし遂げられるのであるという。ここに、真に徹底他者を体験した者にのみ開かれる、究極の生があるのである。

さて至誠の貫徹を阻止する力をも含む「圧倒的他者」の力はまた、三谷にとって神の愛を開示する力でもあった。その消息は次のように語られる。

然し何故かさうした経験が人をほんたうに強くする。深刻に自己よりも大なる者に立脚せしめる。手痛く神に投げ放たれ打ちすえられて、人は始めて絶対的に神の愛護を信じ、徹底的無条件的に神意に服従するやうになる。（全二・三一一―一二）

ここに苦難の意義がある、と三谷はいう。ここでは究極的実在者の愛は、自己の苦境や非力にたいする苦闘から自己を救い出す力においてではなく、かえって自己の非力を知らしめ自己を徹底的に打ち砕く力として経験されるのである。このように一切の私を絶して働くものの力は、信仰者の側に、あらゆる私的な契機を捨て去る姿勢を求める。そこで、そのようなものとしての愛に真に応じうる生き方とは、実践的には「私」の放棄、「棄私」とならざるをえない。「愛と自己とは到底両立しない。愛を選ぶか自己を建てるか。そのいづれか一つを択んで、他を捨てなければならない」のである。「げに愛への第一歩は私を捨てる事である」（以上、全一・四九）。

だが彼のいう「棄私」とは、単に我執を捨てることではない。他者への愛もまた、他者の「私」への固執、それへの奉仕である限り、「徹底的に已れを絶したるもの」への愛とはなり得ない。「愛は愛せんとする者の自己を棄つる事を意味するのみならず、愛せられんとする者に於ても、その自己に執着してはならないものであった」（全一・四八―九）。人は自己をとりまくあらゆる「己」という障壁を倒したのちに、初めて愛をもって他者に接することが可能となるのであるという。

そのようなものとしての愛は当然、「感情の問題」ではなく「意志」である。三谷は、イエスの説く愛をさえ単なる感傷、情緒のレベルで受けとめる「多くの基督者」がいると難じつつ、愛の根本である「棄私」は「敢て冒して一己をすてること」であり、「敢為であり、断行であり、冒険である」（全一・五〇）という。このような愛の理解に、カント的な厳格主義の反映を読みとることは自然であろう。だが三谷の主張は単なるカント倫理学の人生論的な読みかえにすぎぬものではなく、たとえカントに触発されたものであったにせよ、心の深みにおいて体認されたものであった。そのことは、たとえば最初の結婚生活をめぐる、次のような率直な述懐からも容易に察せられよう。

生来病弱であった三谷は、一大決心をもって結婚を「敢行」した。彼がかねてから結婚生活に期待したものは、「妻と心をひとつにして自己を神と人との前に献上すること」であり、結婚によって「従来よりも一層濃やかに隣人達をかへりみるやうになれるつもり」であった。しかるに現実は彼の予想に反し、結婚によって自分のすべての愛が「或る一人」によって占領されてしまったという事実が彼を狼狽させた。現実の結婚生活は彼にとって、棄私の敢行どころか、かえって我執を深化させるものでしかなかったのである。この経験は、ナイーヴな三谷のこころには「容易ならぬ痛棒」、「痛烈なる幻滅」（以上、全二・一九七―八）であったのである。

伊藤整は、絶対者不在の精神的土壌における愛の虚偽性をえぐり出し、われわれ日本人は「他者を自己と同一視しようというような、あり得ないことへの努力の中には虚偽を見出すのだ」と述べた[10]。そのように言えるとすれば、その他者をも超絶した「徹底他者」への愛にのみ真実の愛をみるという三谷の主張が現実の日本において浸透力をもつということは、極めて困難であると言わざるをえないであろう。ともあれ、自己凝視から出発し、徹底他者との出会いを経て棄私の敢行に至るという、三谷の世界の基本はほぼ押さえ得たと思う。そこで次に、法思想関係の著作にみられる三谷の人倫関係のとらえ方を考察してみたい。

三　国家と法

これまで述べたところからも推察されるように、三谷の信仰と思索の原点は神の前に個として独存することにあった。彼はいう、「信仰の道は独り旅の道である。神の前には独り立たなければならない。……信仰とは我ら各自が独りと神との関係に於いて、身親しく彼に縋りまつることである」（全四・二二五）。

この引用文は、その前後に、「神の前には団体はない」とか、神信頼は教会や牧師に代理としてやってもらうわけにはいかない、などとあるように、直接には制度組織に依存する宗教のあり方への批判として語られたものである。しかしながら、強力な集団帰属意識をもち、自他の相互依存関係を支えとして生きているわれわれ日本人として、「信仰の道は独り旅の道である」という発言を聞くとき、人はそこに、そうした日本的人倫関係を敢えて断ちきり独存の道を選び取ろうとする者の、自覚的姿勢の表明を感じとるのではなかろうか。

ところでわれわれは、三谷の世界で次のような言葉にも出会う。

人間は此世に独りあるのではない、一人は他の千万人と相関連しつつ生きている、社会を離れて個人はない。

（天達文子宛書簡より）[11]

三谷が「個人独存の生活とは仮説的空想に過ぎない」（全二・一一七）とし、人と人とが互いに自他を人格として尊重しつつ共生すること、三谷の言葉で言えば「人と人と相生きる」ことに人間存在の本来的なありようを見いだしていたことは、三谷の世界を知る人にはよく知られているところである。そこで「人と人と相生きる」とはどのような生き方を意味していたのか、またそのことと神の前に独り立つこととは、どのようにかかわるのであろうか。そうしたことについて少しく吟味してみたい。

「人と人と相生きる」ということをめぐる三谷の主張は、主として法や国家を論じた文章の中に見いだされる。『法と国家』第一部（講義）第一章は次のように書き出されている。

人が人になるのは人と人と相生活するからである。……

何故ならば、人と人と相生くとは、人々互に自他を人間として相尊びつつ生活することである。……若し生れ落ちたるまゝの人間一個をして曠野に野獣とのみ相生きしめたならば、彼は長じて野獣らしくなるであらう。

人が人になるのは人と人と相生きるからである、人と相生きて自他を人として相尊ぶことを学ぶからである。さうして人と人とかく相生きるところが即ち社会である。知るべし、ひとの人らしき生活は唯社会生活の裡にのみあることを。（全三・三六一）

すでに触れたように、三谷における自己の独価値の根源は、カントを想起させる人格概念におかれており、従ってそれは、個我にとってアプリオリな所与であるはずである。だがその価値は、他者との共生という場において初めて現実となるのである。人は他者と共にあることによって、初めて人格としての尊貴性を獲得するのである。そして、「まことに人が人として生きる時、言ひかえれば人格的に生活する時、その時にのみ人間本来の生活があるといふべきである」（全三・一五）。これが三谷における人間存在の真実相であった。ではそうした尊貴性を認めあう生活は、具体的にはどのような方向に求められたのか。

三谷は、そうした「人間本来の生活」を具体化する場を、法学者としての立場から「国家」に求めた。彼によれば、現実の国家には二つの機能がある。その一は、人が人として生きるための生活必須条件を保障するということで、これが国家の基本的な役割である。すなわち、「人の肉体的生命、其生活資料、並びに其生活地」（全三・二三）という、人間生活にとっての基礎的条件を成員に保障するという機能であり、それを果たすのが法律である。

しかしながら国家の役割は、こうした現実的な生活条件の整備に尽きるのではない。国家生活にはさらに重要なもう一つの側面がある。それは「生活目的それ自身」を主題とする生活で、人格同士の「相依相存的」な交わりは、現実問題の域を越えてそうした側面に触れてくるときに最も活気あるものとなる。「かうした潑剌たり親密たる活交渉が、国家と称せらる﹅生活廓内において、むしろ其核心たり生命たることを我らは見て居る」（全三・三〇）。そして三谷は、国家の本質について次のように言う。「国家とは人格と人格と相生き相営み出づる生活の名である。

我らが国家を生き出でるのである。故に国家の根柢は生き営むことである。……故に国家に関する根柢的問題は人格的活動の問題である」(全三・三二)。要するに彼の念頭にあるのは、ある理念的価値を共有する目的共同体的国家といえるであろう。そして彼は、そうした意味での国家を論じることが狭義の国家学には収まりきれぬものであることを認めながらも、あえて自らの国家論において、そうした国家像を彼自身の信仰的立場から提示しようとしたのであった。

このように、国家が人格の共生によって創りだされるべきものであるとすれば、国家秩序の問題はそのまま倫理問題となるであろう。そこでは法もまた、道徳と同じく規範的性格を帯びたものとなる。法は、単に分離を本質とする個を権力によって秩序づけるための手だてにすぎぬのではなく、その基礎は正義への意志にあり、人格的自由にもとづく遵守によって初めて生きたものとなるからである。のみならず人格同士の相依相生を真に実質化するためには、各人各様の判断を許容する道徳のみに依存していては、社会生活に具体的な統一を求めることはできない。社会生活が真に人格的共同体としての実をあげ得るものとなるためには、具体的な統一の実質を定め、それを形において保障せねばならない。それをなすのが法の役割である。「人と人との自由なる生活の現実なる実現は、法の実現によってのみ具体的なるを得る。自由は法を俟って後はじめて具体的に実施せられ得る」(全三・四八二)のである。

また三谷は、近代ヨーロッパが個人の尊貴性、人格の尊重という公理を社会組織の根柢に据えたことを功績としながらも、その基盤となっている「我」を問題にする。西欧近代が重んじる「我」は、彼によれば「一個の私」にすぎず、「故に近代的とは屢々主我的といふに等しい」。そのように論じて三谷は、そうした個我を基盤とする西欧近代の社会観を「原子論的社会観」としてしりぞける。ルソーやホッブズらの社会契約説は、国家生活の根柢に規範があることを明らかにした点に大きな功績がある。しかしながら「社会契約説の前提したる自我は自侭な自我であった。故にそれは契約によって自己を拘束しながら、又いつでも其拘束を破り棄て兼ねまじき自我であった。此処に凡ての社会契約説の弱点がある」（全三・四九〇、五二〇）のである。すでにみたように、人格同士の共生に人間存在の実相をみる三谷にとっては、分離を本質とする個はいかなる意味でも社会的結合の基盤とはなりえなかったからである。では三谷において、社会的団結の究極的な原理はどこに求められたのであろうか。国家を究極的に基礎づけるものとして立てられたのが彼の「信仰の論理」であった。

国家問題がただちに倫理問題であるところでは、人倫秩序を基礎づける「権威」そのものの質が問われねばならないであろう。ところで現実の国家の成員である個人はそれぞれ「個性価」をもつ人格である。従って各人の目的はそれぞれ自由に追求されるべきであって、決して人間的権威によって規制したり、画一的に方向づけられるべきものではない。しかしながら、「若し人にあらずして、而も人類のすべてを支配すべき目的意志者があり、斯る意志者が人生の目的の解決を見出すとすれば」どうか。言い換えれば、「神に於いて人生目的の究極の解決を見出すとすれば」どうか。そこにおいて各自はもはや独自の意志を自由に生きる個我ではなく、「徹底他者」の牽引力の下にその聖目的に服従する者となるであろう。こうして、「たゞ神意に於いて徹底的に超個人的なる権威を見出し、この権威の客観的規制に服すべく神に強要せらるゝ時に於いてのみ、……その時にのみ堅固不動の国が確立する」。個我中心主義と原子論とを完全に克服し得る究極の結合原理は、そのような「神の国の結び」にのみ求められる。人格同士の真に自由な相依相存の生活は、そこにおいて初めて可能となる。こうして「国家の究極の基礎づけは宗教に於いてのみ全きを得る」（以上、全三・三三一―四〇）のである。[12]

ところで、三谷が構想したこのような信仰的共同体の、いわばイデアともいうべき原風景は、彼が法学とともにその研究に打ち込んだアウグスチヌスの『神の国』であったと思われる。彼はその著『アウグスチヌス』において、『神の国』から次のような一節を引く。「神の都に於ても人は孤独に神とのみ相対するのではなくて人と人と神のもとに国をなして相生きるのである。人間は天上に於ても社会的生活者なのである」(全一・三二一、二)。

三谷が自らの国家観に託したのは、そのような究極の理念的結合をめざす途上にあるものとして現実の国家をとらえかえし、かつその意義を肯定することであったと思われる。「アウグスチヌスは神の国のための道場としてのみ初めて地の国の意義を深刻に肯定することができた。地上現世の人間生活はそれ自体として究極的意義を持つものではない。地を超え現世を超ゆる生命の故に、それへの備えとしての意義によって初めて意義づけられるのである。この意義づけは深遠である。それによって地上生活は地上以上の根拠と目的を与へられる」(全二・二八九)のである。

だが三谷の構想したような神の国の結合は、彼のいう「徹底棄私」を具現した、あるいは少なくともその境地をめざす途上にある個を構成単位とする集団においてのみ可能であり、現実にはそのような結合は、ただ無限の彼方に期待されるにすぎないであろう。それは、たとえば教会のような信仰共同体を導く理念としては有効であるとしても、理念的なものへの棄私の服従による結合を現実の国家の上に期待することは、三谷自身も危惧するように、かえって国家をして反自由主義的な宗教的権力国家に陥れる危険をはらむこととなるであろう。

事実、そうした危うさは、国家とその法をめぐる三谷の見解にも内在していた。先にみたように、人格同士の自由な相依相存的生活は、道徳とともに法を遵守することによって初めて具体的に実現するとされた。ところでその法律が予想する人間とは、「常に必ず何時代何国乃至何民族に属する所の此某彼某であって、決して単なる没歴史的没個性的人間類に属する一個体ではない」(全三・五三八)。それは、「抽象的に考へられたる個人と其没歴史的なる集合ではなくて、現実なる歴史的社会環境の裡に棲息する個性的個人と、この個人によって営まれつゝある歴史的社会」（全三・三五九）とである。そのようなものとしての法を実践する場として最高位のものは、いうまでもなく国家である。そしてその国家生活の実際は、それぞれの国の歴史性や民族性を離れて考えることはできない。ゆえに日本の国法において「最大の公価値」を要請するものは、「太古より現在に及びて変らざる此国の歴史的同一性」（全三・五四五）である。日本の刑法において大逆罪や朝憲紊乱罪が犯罪の首位に置かれるのは、その歴史的同一性を危うくするものは国法にとっての最大の公敵であるという考え方によるのであるという。

国家についての三谷の基本的見解は、全体をもって個に優先させる全体中心的な国家観にあった。彼はいう、「国家はその存在に於て各個に優先する存在である。個先づ在りて然る後この個が集まって国家を成すのではない。国家先づあり、然る後この国家の成員たる各個があるのである。即ち国家に関する限り、全部は先にして部分は後である。国家はそれ自体に於て独立の歴史的個性者である（国体）。その成員たる個に対する関係に於て国家は株式会社やクラブと全く異なる」（全三・三六三）。国家とは「歴史的個性的生命の主」（全三・六二五）として個に先行し、部分としての個はこの全体の有機的構成員としてのみ歴史のうちに意義をもつものとなる。「国体の貴重なる所以」（全三・六三二）もまたそこに由来するのであるという。そうであれば、そうした超個的全体性としての国家に属する個に求められるものは、全体への没我的服従にならざるをえないであろう。

くり返し言えば、三谷がその国家哲学において法に期待したものは、人と人との自由な相依相存的生活を実現させるということであった。しかしながら、このようなものとしての国家が法を通してその構成員に課すものは、もはや「徹底他者」の意志でも人類的普遍妥当性をもつ価値概念でもなく、極論すれば、単なる「歴史的特殊的所与」としての国家の利益（それがすべてではないにしても）にすぎないと言わざるをえないであろう。こうした三谷の主張が、太平洋戦争下という時代状況の中で表明されたものであることを考慮に入れるとしても、ここには「徹底他者」の促しによって生きる人格観とは別個の原理が導入されており、国家哲学において明示された、人格性の価値は国家を超えるものでなければならないという視点は、現実の法と国家に関する場面では全く欠落していると言わざるをえないであろう。言いかえれば、「神の国」のイデアと現実の国家問題とをいかに結びつけるかという、至難ではあるがそれこそが三谷の国家学に最も期待される作業は、手をつけられることなく終わったのであった。

おわりに

三谷はその信仰著作において、きわめて純粋な「信仰の論理」を提示した。「徹底他者」とそれへの「棄私」的服従の信仰は、日本キリスト教史の上でもまれにみる純度の高いものであった。しかしながら、恐らくはそのあまりの純粋さのゆえに、「信仰の論理」の歴史化という最も重要な作業は、実現されずに終わった。そうであれば、日本キリスト教史の良き遺産を継承しようとする者としては、その理由を探らねばならない。それを三谷の保守主義的姿勢や、教養主義に共通する一種の〝ひよわさ〟に帰するだけでは、そこからは何の指針も得られないであろう。

三谷における「信仰の論理」の歴史化という作業がが未然に終わった理由を問うことは、決して容易ではないであろう。しかし、今その最も基本的と思われる一点をあげるなら、それは、三谷の世界における伝統や「自然」への関心の欠如であると言えるのではなかろうか。彼は、人が真の意味で人格となるのは、人格同士が互いに尊重しあいつつ生きる場においてであるとした。しかしながら、そうした生活は真空の中で営まれるのではなく、彼自身も認めているように、歴史的社会的現実の下で行われるのである。従って、人と人との相生相活から生み出されるものが、時には人格にとって負の価値であることもあり得るであろう。のみならず、伝統や自然は、単に人格価値を受け入れる外的条件—器—にすぎぬものではなく、そこにおいて人格価値が真に受肉する「場」なのである。そうであれば、「信仰の論理」において獲得された新しい価値を、そうした「場」に受肉させる方法こそが探られねばならないであろう。加えて、人格価値と歴史的社会的現実とは、相互に働きかけ影響しあう関係にある。それゆえ、もしも先述のように現実の国家を「神の国」への道程として位置づけようとするのであれば、その国家の現実のあり方は、彼の師内村がなしたように、絶えず「徹底他者」の光に照らして問われ続けられねばならぬはずである。しかるに三谷においては逆に、歴史的社会的現実が、その具体的な内容の吟味を経ぬまま動かすことのできぬ所与とされ、個人にはその法が課すものへのひたすらな服従が求められた。しかもその所与の最高のものが当時の現実の日本国家であったとすれば、三谷の思想が近代日本がたどった道への批判原理となりえなかったことは、まさに当然と言わねばならない[13]。かつて明治後期から大正時代にかけての国民道徳論者は、国民道徳の原理的研究と歴史的研究とを混同し、歴史的事実をそのまま現在の道徳規範としたとして、倫理学者らから批判された[14]。あえていえば三谷の国家論も、それと同工異曲であると批判されても致し方ない面があると言わねばならない。

湯浅泰雄は、評伝『和辻哲郎・近代日本哲学の運命』の中で、「われわれはいかにして政治的ナショナリズムと近代国家の論理を超克した立場に至り得るか」、言いかえれば、「政治的ナショナリズムの道具とならない『インターナショナリズムに支えられた文化的ナショナリズムの立場はいかにして可能か』」という問いを提起している[15]。三谷がめざしたものは和辻のような「文化的ナショナリズム」とは異なるが、各国がその歴史的個性をもって普遍的な世界歴史の営みに参与することに国家の存在意義を認めていたことにおいて、和辻の倫理学がめざした方向と軌を一にするものであったと言えよう。そうであれば、インターナショナリズムに支えられたナショナリズムの確立という（すぐれて現代的な）課題の困難さを、われわれは三谷の場合にも改めて確認するのである。

三谷は純化徹底した「信仰の論理」を近代日本に向けて提示した。ところで植村正久や内村鑑三ら初代のキリスト者には、前時代から受け継いだエートスがまだ彼らの体内に息づいていた。言うまでもなくそれらは、思想としては未成熟なままで混沌とした状態ではあったが、それだけに多くの可能性を秘めつつ彼らの生の一部となっていた。しかし、三谷の場合に限らず二代目キリスト者になると、思想として論理的に練り上げられ純化された反面、初代キリスト者の中に血肉として存在した多くの生産的なものまでが夾雑物として切り捨てられてしまったのではなかったか。そこには、三谷の「信仰の論理」の楔を現実の国家に打ち込むための肥沃な土壌もあったはずである。「信仰の論理」を実質化するという作業が未然に終わった理由の最大のものは、三谷における、そうした意味での伝統と自然の欠如にあったと言えるのではないかと考える。

〈注〉

(1)藤田若雄編著『内村鑑三を継承した人々・下』（木鐸社、一九七七年）に、阿部俊一による三谷隆正論が収録されている。

(2)南原繁・丸山眞男・前田陽一・長清子「座談会・三谷隆正先生の人と思想」、南原繁他編『三谷隆正——人・思想・信仰——』、岩波書店、一九六六年、二一一—二三七頁参照。

(3)阿部俊一「三谷隆正」、藤田若雄編著前掲書に収録。

(4)伝記的なことに関しては、『三谷隆正の生と死』（新地書房、一九九〇年）所収の年譜のほか、親族らによる追悼文によった。
(5)『三谷隆正――人・思想・信仰――』三一六―七頁。
(6)『三谷隆正全集第二巻』に収録されている同名の随筆はこの時期の幸せな生活の追想で、淡々とした筆致ではあるが読む者の心を深く打つ。
(7)『高倉徳太郎著作集・1』、新教出版社、一九六四年、一八頁。
(8)「自己の問題として見たる自然主義思想」、『現代日本文学大系・40』、筑摩書房、一九七九年、二四頁。
(9)高倉徳太郎における自我の問題については、拙著『近代日本のキリスト教思想家たち』（日本基督教団出版局、一九八八年）で取り上げた。
(10)伊藤整「近代日本における愛の虚偽」、一九五八年、『近代日本人の発想の諸形式』、岩波文庫所収。
(11)『三谷隆正の生と死』所収。
(12)こうした三谷の国家観については、南原繁が、宗教的世界観が法哲学の基本に据えられていることは、個人の心情の問題としては承認されてよいが、国家や法哲学の基礎はあくまでも学問的理性の立場で追求されるべきであろうと述べている。『全集第三巻』後記参照。
(13)同様の趣旨の指摘は、前記の阿部俊一による三谷論にもみられる。
(14)鵜沼裕子「国民道徳論をめぐる論争」、『日本思想論争史』、ぺりかん社、一九七九年、三七二―八頁。
(15)湯浅泰雄『和辻哲郎・近代日本哲学の運命』、ミネルヴァ書房、一九八一年、二六三頁。

第六章　賀川豊彦試論
――その信の世界を中心に――

はじめに

賀川豊彦（一八八八―一九六〇）に関する研究は、没後三十年以上を経過した現在も、なお脈々と続けられている。賀川にたいする大方の関心は、これまで、ある意味で当然のことではあるが、主として労働運動などを中心とする社会的実践家としての側面に注がれてきた。それに比して、彼のキリスト教信仰の世界そのものに関する研究は、それらに見合うほど十分になされてきたとはいい難いように思われる。しかしながら、彼がキリスト者であり、その実践活動がキリスト教信仰に根ざしたものであったとすれば、それらの解明は、活力源としてのキリスト教信仰にたいする総体的な理解を軸としてなされるべきであろう。そのさい、われわれが心してかからねばならないことは、神やキリスト、聖霊など、キリスト教の基本的な用語も、賀川の世界では、必ずしもプロテスタント世界の通念に従って用いられているとは限らないということである。たとえば、賀川の社会活動はキリストの贖罪愛の実践であったといわれるが、彼のいう「贖罪」の意味は、正統プロテスタント主義における、神の子キリストによる人類の罪の贖いという受け止め方とは、いささか理解の仕方を異にしているように思われる。本章の意図は、主として彼の代表的な著作とされるものを中心に、そのキリスト教世界のありようを少しく探ってみることにある。実践面における彼の稀有な遺産は、動機としてのキリスト教信仰との内的関連から光をあてることによって、その固有の性格や意義が一層明確になるであろうし、問題点の指摘もまた、そうした作業の上になされべきであると考えるからである。

一　キー概念としての「生命」

およそキリスト教界に限らずさまざまな分野に名を残した人々の中で、賀川豊彦ほど活力に溢れる生涯を送った人物は稀であると言っても決して過言ではないであろう。神戸新川のスラム街に住み込んでの救貧活動に始まり、労働組合運動、農民組合運動や、海外にまで及ぶ伝道などに八面六臂の活躍をする一方、多くの分野にわたる多数の書物を読破して、創作や翻訳を含む厖大な数にのぼる著書を残した。しかもそうした多彩な活動は（個々の業績そのものにたいする評価は暫く措くとしても）、外向的に拡散する仕方でなされたものではなく、すべて彼のいうキリストの「贖罪愛」の実践という動機に発したものであった。加えてこれらの働きが、肺結核や眼疾など、ときには死に直面し、失明の恐れに脅かされるほどの病苦との戦いの中でなされたことを知るとき、人はその不屈のヴァイタリティーにまさに瞠目せざるを得ないであろう。そして、彼をして寸暇をも無為に過ごさせることなく、ひたすらただひとつの目的に向かって駆り立て続けたものは何であったのか、その秘密を知りたいという思いにとらわれるのではなかろうか。

ところで、いずれのキリスト者であれ、その内的世界に少しく立ち入って考察するなら、そこには、一口にキリスト者として括ることのできない、それぞれに固有の特色が見えてくることは言うまでもない。だが賀川の世界には、単にキリスト者としての固有性とか独自性としては言い尽くせない、きわめて顕著な特質が感じられるのではなかろうか。それは確かにひとつには、彼がその活動舞台を教会や狭義のキリスト教世界の内部に限らず、大衆伝道や社会的実践活動の場面に求めたことによるであろう。だがそれだけでなく、そこには、彼の世界のありようの根幹に触れてくる、さらに根本的な理由があるように思われる。

そもそも信仰者というものは、いかに強靱な精神の持ち主と見えても、その内面にはさまざまな心の低迷や信仰の起伏などが存在することが少なくない。しかしながら賀川という一個の信仰主体は、まさに火薬を込められた弾丸のように、いささかの迷いも逡巡もなく、ひたすら目的に向かって疾走するかのように見える。それはまさに、彼自身の表現をもってすれば、宇宙という大いなる生命を浄化するために不断の「白血球運動」に従事する、一個の生命体と呼ばれるにふさわしいありようであった。そして、賀川をこのような特異な生き方へと駆り立てた力、その生への起爆剤は、理性や人格などと規定される以前の、一個の生命体としての人間のもつ、一種の原初的な生命力ともいうべきものではなかったか。

ところで、宗教の本質を、教義や教会制度などにではなく躍動する生命的な活動そものに見いだすという、一種の精神主義的な姿勢それ自体は、近代日本のプロテスタントの間に広く見いだせる傾向である。しかしそこでは、内村鑑三の場合がそうであるように、「生命的」ということは、教義や儀式、あるいは教会組織等として客体化された外的な要素にのみ依存する、形式化し形骸化した信仰との対比で語られるのが一般的である。そこでは「生命」とは、かたちに息を吹き込みこれを立ち上がらせる霊的な力であり、生きた信仰の原動力である。しかしながら賀川における「生命」とは、そのように何ほどか〝精神化〟され、象徴的・比喩的な意味を込められた生命ではなく、まず端的に、生物体として宇宙の中に存在するいのちそのものであった。

ところで昨今、こうした意味での「生命」を生の原点、世界解釈と行動の原理とする思想傾向が大正時代に存在したことに着目し、「生命」を「スーパー・コンセプト」として当代の思潮に光を当てなおそうとする試みが注目を集めている。(1) 今日、遺伝子工学に代表される生命関連の技術の飛躍的な発展や、死をめぐる医学的・社会的問題のクローズ・アップなどにより、「生命」が新宗教や超常現象などまでをも巻き込んで、時代の「スーパー・コンセプト」に押し上げられつつあるが、論者によれば、「生命」が思想界を席巻した時代はかつての日本、すなわち大正期にも存在した。同論者はこの現象を「大正生命主義」と名づけ、生命という概念をキー・ワードとして当代の思想・文化をとらえなおすことを提唱し、あわせてそうした作業が今日の思想状況を反省し、新たな「生命」思想を生み出すことにもつながるであろうと述べている。その中で賀川豊彦の名も、この大正生命主義の多様な発現形態のひとつとして言及されているが、じっさい、神を大宇宙の生命と体認し、その意思を自己の生命の中に生かし込むという賀川のめざした生き方は、単に賀川ひとりのものではなく、時代の思潮に棹さすものでもあったことが知られる。こうした知見に教えられ、このような観点から賀川の世界に光をあててみることは、いきなりキリスト教史の中への位置づけやそこでの評価を試みるよりは、賀川固有の世界を内在的に理解する方法としてはいっそう有効であり、かつ新たな現代的意義の発見にもつながるのではないかと思われる。

賀川豊彦を、同時代の他のキリスト者から際立たせているゆえんをその世界のうちに探るなら、賀川においてはその生の原点が、生身の人間としての原初的な生命力ともいうべきものにあったことにある。一般にいわゆる典型的なキリスト者と目される人々の場合、信仰的生の原点は、基本的には聖書あるいは教義体系として外在化された神意との緊張のもとに置かれている（あるいは、そのようにあるべきものと受けとめられている）。すなわち、聖書において啓示された神への信仰告白が、また特にプロテスタント主義の場合には、イエス・キリストの十字架上の死による罪の贖いへの信仰告白が、その信仰的生を支える究極の支点とされる。それにたいし賀川の場合、その生を支えるものは、基本的には彼自身の内部に直観される根源的な「生命」感覚ともいうべきものであった。賀川が自らの宗教を「生命宗教」と呼び、宗教とは「生命の上に描かれるべき芸術」であるなどといっているところからも、「生命」ということばの意味するものを探ってみることは、賀川の世界の特異性に近づくための重要な鍵となりうるのではないかと思われる。そのような見通しから、いま賀川における「生命」の思想の内実を少しく吟味検討し、これをキー概念として彼の信仰の世界を再構成し、あわせて、彼の日本キリスト教史上における意義について若干の考察を試みたいと思う。

二　「生命の不思議」の体験

賀川の入信やその後の思想形成の経緯については、われわれはすでに伝記的研究によって多くを知り得ている。だが本論のさしあたっての関心は、彼の世界のなり立ちについて、もう少し別の角度から問うてみることにある。すなわち、彼をその固有の信仰と実践の世界へと導き、かつ常にその活力源となった原体験ともいえるものがあるとすれば、それはどのようなものであったのか、あるいは、彼の信の世界がどのような根本動機の上に構築されているのかを問うことにある。

初期の自筆資料(2)および長男の賀川純基氏の談によると、洗礼を受けてから貧民街に身を投じるまでの間、賀川には死生をめぐるきわめて深刻な葛藤、低迷の時期があったと推測される。この時期賀川は、肉体の病により文字どおり生死の境をさまよう体験をしたのみでなく、自死についても思索をめぐらせていたことをうかがわせる文章を書き残している。[3] まずその辺の消息から見ていこう。

初期資料その他から推察すると、賀川は一九〇八（明治四一）年頃、一度自殺を企てたことがあったようである。その理由はさだかではないが、賀川純基氏によれば、何らかの具体的な挫折体験が原因だったのではなく、多感な自我をもてあましたり、人生に空を観ずるというような、広義の思想上の悩みによるものであったらしい。（ちなみに、一高生藤村操が華厳の滝から投身自殺を遂げたのは、その五年前のことであり、世はいわゆる知的青年の煩悶の時代、大正教養主義への前夜であった。）氏は、賀川がスラムでの捨て身の生活に入ったのは、「死ぬつもりで」入ったのではなかったか、すなわち、ひとたび自我に死んだ者が、この時を境に神に〝引こづられて〟生きる道へと再生したのではなかったか、と、深い洞察にみちた指摘をされている。では彼をして死の淵から脱出させたものは何であったのか。

このことについて賀川自身は、一度この世に絶望して自殺まで企てた者が再び「生」を肯定するというのは不徹底ではないかという批判に答えるかたちで、自分が生を肯定する立場に到達したのは、カーライルの永遠の否定から永遠の肯定へ、ヘーゲルの正、反、合のような「論理の推移」によるのではなく、『生命』そのものの不思議を見たことに起因する」（「生命宗教と生命芸術」、『賀川豊彦全集第四巻』五四頁、以下全四・五四と略記）と述べている。一度否定された生が、「生命そのものの不思議を見た」ことにより再び肯定されたと言われているのは、賀川の世界を知る上で、きわめて意味深いことに思われる。では「生命の不思議を見た」とは、どのような体験であったのか。

この関連で注目されるのは、明治四〇年、賀川十九歳の年の夏のこと、肺結核で死に瀕する中で、突然、光明が全身をつつむという感覚が彼を襲ったと伝えられていることである。横山春一著『賀川豊彦伝』はこの体験を、パスカルや綱島梁川の見神の体験にも似た体験として紹介し、その後賀川は、奇跡的に病の危機を脱したと記している。(4) この他にも賀川には何度か「神」との神秘的ともいえる交感の体験が生じたらしく、しかもそのような体験がしばしば「光」の中で生じたとされている。たとえば賀川自身、パウロの祈りについて紹介したくだりで、「瞑想と黙示の中に浸ることは嬉しいことである。私はさう云ふ経験の中に幾度も光を受けた覚えがある」(全二・二七)と記している。また、聖霊の経験について述べた中では、自分も数回、宗教的歓喜を感じて光明に浸った経験を持っており、それは「言葉に尽すことの出来ない法悦」(全三・二三四)であったと述べている。深層心理学の教えるところによれば、神的なものとの深い合一の体験には、しばしば光のイメージが伴うという。そうした知見に教えられるとき、賀川は一種の「神秘家的資質」をも備えていたことが知られる。(5) これらのことから、賀川のいう「生命の不思議を見た」という体験も、それが彼の生き方に決定的な転換をもたらしたことを考えあわせるとき、単に理性のレベルで生命の不可思議さを認識したという類いのことではなく、深くたましいの内奥の霊的次元に根ざした体験、いうなれば、「神的なもの」としての「生命」との根源的な出会いの原体験であったとみるのがふさわしいのではないかと思われる。死から生へという、この時期の賀川に生じた一連の体験は、文字どおり肉体の死の淵からの生還であったと同時に宗教的霊的な再生の体験でもあった。そして、この稀有な体験が、それ以後の彼の驚異的な生を支え続けた活力源ともなったのである。

こうして、「生命の不可思議」、「実在の驚異」への根源的な畏怖の念を原点として、キリスト教学のみならず物理学や生物学、進化論などをも含む、広範な分野にわたる当代の先端的学問を貪欲に、精力的に渉猟し、それらを自在に用いて自らの思索の結果を学問的体系へと構築していき、あわせてその確信にもとづく多様な社会的実践活動を繰り広げていった――、これが、自ら「生命宗教」と名づけた賀川の信仰世界の基本的なありようであったと考える。ではそのようにして開かれた彼の世界の内実はどのようなものであったのか。

三 「生命」・「宇宙」・「神」

賀川の世界において、「生命」とともに重要な位置を占めるのは「宇宙」である。そして賀川のキリスト教理解の独自性は、それが「生命」と「宇宙」という、聖書の世界とは異質な概念を基軸として展開することにあった。「生命」、「宇宙」、「神」の三者は、賀川の信の世界の核心を構成する根本契機であり、賀川の信仰のありようを解き明かそうとする者は、これらそれぞれの内容を吟味するとともに、これら三者の相互のかかわりはどのように考えられていたのかについて問わねばならない。

ところで、ここで改めて確認しておきたいことは、賀川における思想化の方法的特質ともいうべきものである。すなわち、多くの場合、賀川によって語られることの本質は彼の霊的体験に根ざす実存的な確信であって、〝形而上学的神学〟ではないということである。彼には表題に「瞑想」の語がつけられた四つの連作、『神についての瞑想』、『キリストについての瞑想』、『十字架についての瞑想』、『聖霊についての瞑想』がある。賀川の宗教的著作の精髄ともいわれるこの四部作は、賀川の講演の筆録であるが、それぞれに自筆の序文が付せられている。それによると「瞑想の森に分け入ることを覚えた私」は、真夜中、白昼、曙、黄昏などのいかなる時にも、また電車の中、獄房、路上などのいかなる場所にも、瞑想への扉が開かれていることを知る。賀川が祈りの人であったことはよく知られているが、彼はまた瞑想の人でもあった。彼のいう「瞑想」が具体的にどのようなものであったのかについては、必ずしも多くが語られておらず、興味をそそられるところである。純基氏によれば、賀川は自然の中で瞑想することが非常に好きで、多忙な生活にもかかわらず旅行にはよく子どもたちを伴い、そのような時を過ごすことがあったという。彼の「瞑想」は、たとえば座禅のような、いわゆる修行としての行為ではなかったようであり、黙想の中で、神やキリストなど信仰上の諸テーマについて沈思したのであろうと想像される。また賀川自身も、瞑想に浸ることは喜びであり、神につき宗教的生活について瞑想していると、「一時間でも二時間でもぢっとしておられる」などとのべている（全二・三七八ほか）。

上記の文章の詩的ともいえる表現形態は、一見すると学問的体系のようなこれら四部作が、実はいわゆる神学書として読まれるべきものではなく、「瞑想」の中に自ずと湧き出る想念を基軸として構成された体のものであることを暗示していると思われる。そしてこれは、賀川の他の信仰著作にも通底する方法的な特質であったのであり、このことは彼の著作を理解する上で押さえておくべきことであると考える。賀川の著作の多くは、これを客観的な論理のことばとして受けとめ、解釈しようとするとき、その真の姿はわれわれの手元をすり抜けてしまうのである。言いかえれば、賀川が自らの世界を表現するために用いた方法あるいは体裁が、われわれをして賀川の世界の真相を見誤らせるという皮肉な結果になっているのではなかろうか。本来、深い霊的次元での体験にかかわることは、言語によって伝え、概念によって説明し尽くすことの不可能な質のものであろう。それゆえわれわれは彼の作品の中に普遍性や論理性を目ざした思想を探ろうとするのではなく、その内的世界にあたう限り寄り添う仕方で、賀川が、自らの根源的な体験に根ざす信の世界をいかにかして言語化し伝達しようとした渾身の努力のあとを検証することをとおして、その真相を共感的に読み取ることを求められているのである。

いまこうしたことを念頭に、「生命」、「宇宙」、「神」の三者を軸に彼の信の世界を再現すれば、その基本は以下のように押さえることができるであろう。

「生命」について彼は次のように言う。

私は先づ「生命」といふことから出発する。

それは「力」である。

それは私に内在する。その癖「私」それ自身では無い。私はどうしても、「生命」それ自身を私が支配して居るとはよう考え無い。寧ろ、「生命」が私を支配して居るように感じるのである。そこに私は生命の神に跪拝するのである。（全四・五一）

内なる「生命」の力の実感は彼にとっての「出発点」である。だがその力は、已の意思のままになる力ではなく、逆に彼を支配する力として実感される。このように、賀川における内なる「生命」感覚の内実は、自己の生命がより大いなる「生命」の配下に置かれているという実感であった。従って、彼の根源的な畏怖の対象としての「生命」とは、彼自身のものでありつつ、同時に個としての生命を超えた、ある普遍的な「生命」でもあった。そして彼の内なる「敬虔感覚」は、この大いなるものを「生命の神」として彼に畏怖の念をおこさせ、彼をしてその前にひざまずかせるのである。彼は言う、「かくして、私は「生命」を私の「神」として信じて居るのである」（全四・五一）。

ここでわれわれは彼のいう「生命の神」とは何かについて、いま少し立ち入ってみなければならない。キリスト教信仰の立場からすれば、「神」が語られるとすればそれは当然、超越者であり万物の創造者である聖書の神であることが予想されるであろう。だが賀川においては已の生命を超えた大いなるものは、「神」として跪拝されつつも、同時に「大宇宙の生命」、「宇宙生命」として感受され畏怖されるなにものかであった。ではそのようなものとしての「生ける大宇宙」は「神」そのものであるのか、あるいは「大宇宙の生命」は、さらにその背後にある万物の創造者としての神を指し示す徴なのであろうか。まず彼自身のことばに聞こう。

大宇宙が生きている。この生きている宇宙は、目的を持ち、順序を持ち、選択をなし、実現に向って事業を進展せしめ、自由に力をもって働く生命あるものだと解ってくれば、それが宇宙を貫き給ふ全能者でなくて何であらう。それを神と呼ぶのに、何の不思議があらう。(全三・三四二)

賀川は「大宇宙」を意志的な生命体と受けとめ、そこに「宇宙を貫き給ふ全能者」としての神を見る。この、「宇宙を貫き給ふ全能者」という表現の意味するものは、宇宙の創造者、支配者としての神ということとは異なるであろう。そこでは、神と宇宙との間には創造者と被造物という質的な断絶はなく、両者の関係はより緊密であるように見え、あたかも「全能者」は宇宙に充満する者であるかのようである。また時には「宇宙生命、即ち神の力」という表現も見受けられるように、両者はほとんど重なり合うかのようにさえ見える。さらにある所では、「神」と「宇宙」ないし「宇宙生命」の語はないまぜとなり、ほとんど区別なしに用いられているのに出会う。だがなおそれは、宇宙そのものが神であるという理解とも別物であった。「神は宇宙を衣としてまとわれ、宇宙を神の衣装としてい給ふ」とか、「神がその意識を発表して宇宙ができた」などという表現が示すように、両者は限りなく接近しつつも、なお神は神であり宇宙は宇宙なのである。こうした賀川の独特な神観念には、若い日における「生命の不思議」としての神的なものの原体験の、ロゴス的な展開をみることができるであろう。

生命は客観、主観を貫いて支配し、成長する。生命のみが絶対と云ふ可きものである。「私」は生命を直観するが、「私」が生命そのもので無いことをも直観する。即ち生命は私に内住するが、それは世界に於ても作用して居るのである。生命は即ち私の神である。(全四・八二)

このように、「生命」として内に直観されつつなお我を超越する「神」は、内界も外界も含めた全宇宙を貫く力として、宇宙の展開をとおして己を示現する。人は、そのようなものとしての宇宙の中で、我を貫いて働く生命の力を体認しつつ、「生命の神」の意志を自らの生命の上に体現する者となるべく生きるのである。それゆえ、宗教とは「生命の上に画かるべき芸術」（全四・八四）なのである。

こうした理解のもとでは、物質世界もまた、無機的機械論的な自然ではなく、神的な生命の力のあらわれと受けとめられていた。彼はいう、かつて人間の感覚が鋭かった時代には、物質はただの物質ではなく、霊的な力の表現と受けとめられていた。ところが、人間の感覚が鈍ってくるとともに、物質の見えざるものの言葉としての意味は見失われ、物質は単なる不透明な物体と化した（全四・五二）。そのように言いつつ彼は、現代の物質世界の研究の進展は、物質が「力の世界」の現れであることを再び明らかにしつつあるといい、たとえばエネルギーや力に関する物理学の最新の成果が示す世界像などをも、自らの生命的宇宙観の中に取り込もうとしている。そのような発想の当否や試みの成否について問うことは、ここでの課題ではない。さしあたっては、こうした賀川の世界観は、概念的なことばで規定するなら、いわば生命一元論とも称すべき体のものであることを指摘しておきたい。

では、神的生命を自らの生の中に生かし込むとは、具体的にはどのような生き方を意味するのであろうか。

四　愛と人間イエス

賀川の宗教活動と社会的実践とを一貫するものは、「魂の救済」と「生活の解放」とは一体となって行われるべきものであるという主張であった。そして、社会革命のみにとらわれているマルキシズムへの対抗をも十分に意識しつつ、愛こそが世界の根本原理であり、社会は愛において構築されるべきことを説いた。そこで次に、前節の「生命」、「宇宙」、「神」の三者と「愛」とのかかわりはどのように考えられていたのかについて問わねばならない。

彼はいう、生き物がその生命を保持しうるのは、宇宙意志の中に生存競争以外に「愛と保護」が加わっているためである。恋愛が地上に花を咲かせるのも、「大宇宙の意志によって生れたもの」である。同様に、人が罪人や敵をも愛し得るのは、「見えざる宇宙の大なる衝動」によるのである。言うまでもなく、「敵を愛する愛も、罪人を愛する愛も、凡て神から出づる愛」である。だが、「恋愛が深き生命の血管を通じて目覚める」ように人が「罪人を愛せよとの愛に到達する」のも、「我等の知り得ない宇宙意志の進行」によるのである（全七・九八）。すなわち、信の世界において「神」が「大宇宙の生命」として体認されたことと対応して、実践の世界では、「神の愛」は「宇宙の大なる衝動」として感得されるのである。いうなれば、「生命の神」の力は、実践的には「愛」として発動する。「愛」は「個体を貫く宇宙意志」（全七・一一九）であり、自己の生命の中に自己を超えた大いなる生命の充満を感じ、その前にひざまずき、その力に衝き動かされて生きる者は、宇宙生命としての愛を自己の生のうちに生かし込む者として生きるのである。

さて「愛は、（大宇宙という）一つの有機体組織の、一つの働き」（全七・一二四）であり、「愛とは、自分が細胞分裂すること」である。そこでは愛するということは、宇宙の力を受け、宇宙の展開の方向に沿う行為であるから、それは、愛の実践を妨げる内なる肉の思い、自己愛との葛藤の中で実践されるようなものではない。そこには、「わざとでない、きわめて自然な犠牲の愛」が示される。人は神によって仕組まれた「設計」に従って、自己の内的な衝動に押し出される仕方で愛するのだからである。だが、たとえそれが神の設計になる、宇宙進歩の方向に沿う行為であろうとも、そうした境地は生身の人間の容易に到達しうるところではないであろう。たとえ愛が、宇宙の奥深く潜む「神の設計」であろうとも、一般の人間にとっては、有機体組織の自然な展開のような仕方で愛を結実させるなどということは不可能だからである。ではそのような愛の実践はいかにして可能となるのか。

賀川は、そのような意味での愛がこの地上においてあますところなく具現された姿を、人間としてのイエスの中に見た。彼はいう、「黒土を破った青芽に、露がそゝがれ、茎が伸び、花が綻び、そして結実の秋が来たように、人間の歴史に一つの結実が見せつけられた。それはほかでもない。ナザレの大工イエスに於て、宇宙の底にあった不思議な愛の霊力が、露はに表面に出て来て、最も貴い人間の結実を示してくれたことである」（全三・一九一）。この詩的ともいえる表現に言い尽くされているように、賀川にとってイエスこそ、「宇宙の大愛の結実」、大宇宙という生命体に仕組まれた神の愛の完全な体現者であった。

五　「イエスの模倣」

賀川にとってイエスとは、人間として神との真の合一を体験し、神から受けた肉の体において「生命の神」の力を表現し尽くした「神の芸術」作品であった。そして賀川はそこに、「生命芸術としての美」の極致、「秀れた宗教の完成」を見た（全一・三六七）。そこで人に求められることは、そのようなイエスを範とし、イエスに「少しでも近づく」べく歩むこととなる。「私は理屈は云はぬ、私はどうかしてイエス・キリストのやうな生活がしたいと思って努めている。『イエスの模倣』をして、イエスの聖足の跡を踏んで行くのが基督教である」（全一・二二一）。

こうして、賀川におけるキリスト教的実践の根本原理は、「イエスの模倣」に据えられることとなる。イエスの言行に関する新約聖書の記述を熟読玩味し、いかにかしてイエスのこころを探り、それを己の生の上に実現することに努める――、これが賀川がその生涯をかけて目指した境地であったと思われる。「イエスならどうするか」――、賀川純基氏によれば、これが、労働問題を始めとするあらゆる実践的課題に取り組むさいに、賀川が常に自らに課した問いであったという。すべてのことを「イエス流にしたい」というのが、彼のあらゆる実践活動を支える原点であったのである（賀川純基氏談）。

さて、プロテスタント主義一般の理解がそうであるように、賀川もまた、イエス・キリストの生涯の核心を「贖罪」の業に見ていた。「イエス・キリストの宗教の本質は、贖罪宗教の確立にある。」（全二・九五）だが本論の冒頭にも触れたように、またこれまで考察してきた賀川の信の世界のありようからも当然予想されるように、賀川における贖罪の受けとめ方は、正統プロテスタント主義の理解とされるものとはやや趣を異にするように思われる。では賀川においては、イエス・キリストの贖罪はどのように理解されていたのか。

賀川は、自分のイエス観が「イエスを人間の水準に引き下げ」る一種の冒瀆であるという非難を一般のキリスト教徒から受けていることを認めながら、逆に彼らは「イエスの十字架と復活のみを説いて、人間的部分をかえりみない」と批判する（全一・三一八）。あくまでも「人間イエス」の模倣に徹しようとする賀川にとって、〝神の子イエス・キリストの十字架上の死による人類の罪の贖い〟という福音のみに安住しようとするキリスト教は、「きわめて理屈っぽい」教条主義的な宗教にすぎなかった。そうした賀川にとっては、キリストの贖罪もまた、福音宣教の根本内容であるよりは、人間イエスの生涯における具体的な働きの一部であり、その意義もまた、第一義的にはそうした視点から受けとめられた。すなわち贖罪とは、他者の罪科にたいして連帯責任を負い、罪あるものを再生させることである、というのが贖罪にたいする賀川の基本的な理解であった。彼はいう、「キリストが多くの罪人の身代になって死んだというのは、約束手形を裏書きしたために連帯責任を持つようなものである。之が社会的連帯責任である」（全三・一六三）。東京市には毎年、不良少年だけで九千人もいるが、誰がそれに対して責任を持つか？「不良少年を造り変えようといふのが贖罪の意識である。キリスト教の贖罪意識はそれをいふ」（同右）。だが普通の人間は、自分に関係のない者に対しては連帯責任を負おうとはしない。そうした中でキリストは、「世界のあらゆる人の罪科に対して責任を感じられ、自ら進んで磔にかゝられた」（全三・三八一）。イエスにおいてはその生涯そのものが贖罪愛の実践の生涯であり、イエスが十字架刑を甘んじて受けられたのは、そうした自己の生き方を死にいたるまで貫徹するためであった。真に人を愛するにはこのように、生命を賭してその罪悪までをも引き受け、その人を神の高さにまで押し上げていかねばならない。それには「人の為に喜んで死ぬ気がなければならぬ。それがイエスの運動」である（全三・七八）。「自分が死を捧げて人に尽すそのこと」、これが「真のキリスト・イエスの道」なのである（全三・九七）。

さて、贖罪の原義がこのように理解されるとすれば、それは単にイエスのみのものではないであろう。贖罪愛に生きることは、「イエスの模倣」を目指す者にとってもまた究極の課題であらねばならない。贖罪の歴史について彼はいう、原始、人間は「無意識」で、人を殺すことを何とも思わなかった。次いで、身代わりの羊を捧げる「半意識」の時代を経て、終にキリストによって「愛の極致としての贖罪愛」が示されたことにより、「キリスト以後は全意識に入った」（全三・一〇四―五）。いうなれば、賀川にとって人類の歴史は、宇宙の奥深く潜む見えざる神の愛が人間をとおして次第に己を顕現していく過程であり、それがキリストの贖罪において極限のかたちをとって現れたのである。

このように、キリストによって人間における神の愛の究極の姿が現実となった上は、人はもはや「半意識」のレベルに止まっていることは許されず、贖罪愛の精神をこそ、社会改良の根本原理とせねばならない。「キリストは、人間の考へられないやうな救の愛を事実として、意識し、実行し、教へたことによって、神の姿そのまゝである。この道を外にして、理想の国は絶対に実現しない。マルクス主義では美しい愛は生まれない。かうした神の愛を基礎とせねば、社会は到底駄目だ」(全二一・二九二)。ここに、賀川が社会的実践の根本原理を「贖罪愛」に求めた根拠を見いだすことができるであろう。

六　宇宙悪の問題

賀川の世界において、もうひとつ重要な意味を持つものは「宇宙悪」である。最晩年に公にされた『宇宙の目的』(全一三)の「序」によれば、彼は十九歳の時から「宇宙悪の問題」と取り組み始め、爾来、「いそがしい日本の社会運動の暇をぬすんで「宇宙悪とその救済」を研究しつづけた」(全一・二九一)。実際、賀川においては、神意の実現に逆行する力が、「罪」としてよりもむしろ「悪」として問題にされていることは一考を要する問題である。そこで最後に、賀川の世界全体の中で、「宇宙悪」とはどのような意味を負わされているのかについて触れておきたい。

これまでに、賀川における信の世界が、「生命」及び「宇宙」を軸として成り立つことをみた。ところで賀川が生涯にわたって心血を注いだもうひとつの仕事は、この「生命」を根本原理とする壮大な世界観の構築を試みることにあった。彼は言う、「神御自身の力」としての「生命」は、二つの方向に向かう。すなわち、「時間的には生命として飛躍し、空間的には物質として現れる」(全一・一四二)。すでに触れたように賀川は、物質世界を無機的な死物としての単なる自然ではなく、神的な生命力のあらわれと受けとめていた。同様に、人間以外の生物に関しても、そこには一種の合目的性をもつ心が共有されているとした。そして、物質界生命界のすべてを覆う全宇宙が、総体としてひとつの神的な目的の方向に向かって進展しているという、壮大な目的論的宇宙像を構想した。そして物質界から生命界に及ぶ、あらゆる分野に関する最新の学問成果を驚くべき旺盛さと貪欲さで摂取しつつ、それらを独自の目的論的見地から再統合して、固有の世界観の体系を構築しようとした。最晩年の労作『宇宙の目的』は、その集大成ともいうべきものである。いまその試みの成否を問うことは本論の課題ではないし、また、現在の学問水準に照らしてその当否を論ずることは、キリスト者賀川の理解や評価にとって本質的な問題ではないであろう。本章のさしあたっての関心は、彼固有の宇宙観の中で「宇宙悪」がどのような意味を負わされていたのかを問うことにある。

古来、悪の起源は不明であるとされてきた。だが、と賀川はいう、「宇宙目的からみれば、悪の起源問題は明白である。それは宇宙目的に到達し得ないことから起るのである。宇宙目的は選択の組み立てによるものであるから、その選択の条件に微細な故障が起っても、悪は発生する」（全一・四五二―三）。賀川にとって「悪」は、「善」なる神に対置される「実在」ではなく、また、大いなるものの意志に抗い、その貫徹を妨げる力でもなく、生命が進展していく途上に生じる一種の負の状態のようなものと受けとめられていた。「悪は実在ではない。……生命の内容を創造し、生命を進化せしめんとするに当って悪が感ぜられるのである」。具体的には、病気、老衰、心身の障害、死亡などが悪として列挙される。そして、それらが「悪」と見做されるのは、「生命が進化すべきものであると考へられるにかかわらず、変則なものが出来ると考へるから」であるという（全四・六一）。

このように、賀川にとって悪とは、個別者としての信仰主体にとっての実存的な問題であるよりは、むしろ一種の外的な状態ともいうべきものと考えられていた。それゆえ悪の問題の解決は、個々のたましいへの配慮によってよりも、むしろ総体としての状況の変革の方向に探られるべき性質のものであった。確かに賀川にとって、「愛は夫から妻に、親から子に乗り移る精神」であり、「私があなたに表現する処のもの」（全七・九二）であって、血の通わぬ社会組織の変革をとおして提供しうるものなどではなかった。だが少なくとも上述の論理にみるかぎり、貧者と向き合う賀川の視野にあったものは、彼自身と我・汝の関係に立つかけがえのない一者であるよりは、むしろ底知れぬ「宇宙悪」そのものであったのであり、眼前の貧者はいわばその〝代表〟であったと言えるのではなかろうか。

宇宙観の構築をめざしてあらゆる分野にわたる学的成果を貪欲に渉猟したように、賀川はまた、宇宙悪の探求に関しても異常なまでの執念をもって臨んだ。『貧民心理の研究』はその現われのひとつと言えるであろう。思うに、同書と取り組んだ時の賀川の念頭にあったものは、恐らく宇宙悪の現われとしての貧民の惨状そのものであったのであり、個々の人間自体は背後に退いていたのではなかったか。同書執筆の動機や目的が、宇宙悪を見極めること以外のなにものでもなかったとしても、（実践面のことはさておき少なくとも論理の上では）現実に貧民を構成している、人格としての個々人へのまなざしを欠いたゆえに、同書が激しい批判に晒される結果となったことは、賀川自身にとってのみならず、彼の遺産を継承しようとする人々にとってもきわめて不幸なことと言わねばならないであろう。

おわりに

以上で、「生命」および「宇宙」を軸として展開する賀川の信の世界の基本はほぼ押さえ得たと思う。冒頭に、賀川の世界が「大正生命主義」と名づけられる思潮に棹さすものであったことに言及したが、賀川の世界をこのように再構成することが許されるとすれば、それは、文化創造の源泉を普遍的な「生命」の発現に見、宇宙のこころを感じて生きることを目指す「大正生命主義」と共通基盤に立つものであると見ることができよう。実際、「大正生命主義」の提唱者も、「生命」が超越的な原理と結びつくとき、『神』や『宇宙』『万物』などのあらゆる観念、あらゆる実感を容れる器[6]」となることを指摘しており、賀川豊彦の社会的実践活動を、「キリスト教が、いわば『生命主義』的な社会運動として発現した例[7]」として位置づけている。いま、賀川を「大正生命主義」の流れの中に位置づけること自体は本章の直接の目的ではないが、「大正生命主義」という考え方に触発されつつ賀川の世界に光を当ててきたので、その視点から賀川における「生命主義」の特質を指摘して本章の結びにかえたい。

「大正生命主義」の流れの中に賀川の世界を置いてみるとき、その第一の特質はいうまでもなく、「生命」とキリスト教の神との結びつきにある。一般に、生の確信の根拠を自己の内部にのみ求める生き方は、恣意に傾きやすく、時には限りない自己肥大や自己絶対化に陥る危険性を孕む。事実、「大正生命主義」の論者も、生命主義は「生命」の自由な発現を求め、創造性に富む反面、散発的で無秩序に傾きやすいことを指摘している。一方、（これも同論者の指摘するところであるが）逆に「生命」が自己を超えるものを特定の地域や国家、民族、社会などに見いだすとき、そこには常に、全体主義的な生き方と結びつく危険性が孕まれている。そうした中で賀川は、常にその生の指針を聖書の伝える神意の顕現者イエスの生き方の中に求め、それとの絶え間ない緊張のもとに身を置き続けたゆえに、自らの内部に実感される生命感覚を生の原点としながらも恣意性や相対的なものの絶対化に陥ることなく、聖書にもとづくキリスト教的な生き方の、ひとつの偉大な範たりえたのであった。

第二に注目したいことは、「生命」と宗教的原理との結びつきが、彼の生にとって、信仰者のみが持つ不屈の活力の源泉となったことである。すでに見たように賀川は、「贖罪愛」の実践をとおして、社会を宇宙悪から救済する活動にその生涯を投じた。だが、現実の問題として、宇宙悪などという巨大なスケールの悪の根絶は不可能事であるとすれば、そうした実現の当てのない目的を前にして、人は無為に陥らざるを得ないのではなかろうか。だが最晩年の賀川は、原水爆の体験を経た宇宙をなお進化の途上にあるものと受けとめて、そのさらなる進化発展を、「宇宙の絶対意志」としての神の手に委ねた。「宇宙に目的ありと発見した以上、目的を付与した絶対意志に、これから後の発展を委託すべきだと思う」。では人はただ拱手してその発展を待てばよいのか。彼は続けて言う、「さればといって、なげやりにせよという意味ではない。私は、人間の意識の目ざめるままに、すべてを切り開いていく苦闘そのものに、超越的宇宙意志の加勢のあることを見いだすべきであると思う」(全一・四五四)。絶対意志のもとに置かれた人間は、ただなすことなくその発展に身を任せているのではない。彼は超越的意志の「加勢」を信じるがゆえに、宇宙悪との戦いという果てしない苦闘に従事することができるのである。この姿勢は、歴史の進歩に夢を託す単なる楽天主義とは異なる。ここには、究極的なものへの信が、倫理的努力にとって無尽蔵の活力源となるという構造を、鮮やかに読み取ることができるであろう。

以上見てきたように、賀川の信の世界は、神の観念を始め信仰告白の核となる諸契機の受けとめ方などにおいて、少なくとも正統プロテスタント主義の通念とは合致せぬ部分が少なくない。従って、彼のキリスト教思想そのものに、キリスト教史の中でしかるべき評価を与えることは困難であるかもしれない。しかし、単に賀川のキリスト教を、正統プロテスタント主義の教義理解を尺度として評価裁断するだけでは、そこからは後世にとって何の生産的なものも得られないであろう。「生命」の意味が多様な角度から改めて問い直されている今日、われわれは、賀川が根源的な〝生命体験〟をとおしてキリスト教信仰を主体の中に真に確たるものとして根づかせたことをこそ、日本キリスト教史におけるひとつの新しい創造として位置づけるべきであろうと考える。

本論の作成にあたってお世話になった、賀川純基氏ならびに賀川豊彦記念松沢資料館の方々に、心より感謝申し上げる。

〈注〉

(1)鈴木貞美『大正生命主義と現代』、河出書房新社、一九九五年。同『「生命」で読む近代』、日本放送出版協会、一九九六年など。
(2)米沢和一郎・布川弘編『賀川豊彦初期資料集』（『賀川豊彦関係資料双書5』）、緑陰書房、一九九一年
(3)たとえば、前掲書二三三―三八一頁収録の「生存価値論」など。
(4)横山春一『賀川豊彦伝』、キリスト新聞社、一九五一年、四〇頁。
(5)初期の日記には、この他にもいわゆる「見神」を思わせる記述が見られる。
(6)鈴木貞美『「生命」で読む日本近代』、二六六頁。
(7)鈴木　前掲書一五七―一五八頁。

その他の参考文献

(1)黒田四郎『人間賀川豊彦』、キリスト新聞社、一九七〇年。
(2)武藤富男『評伝賀川豊彦』、キリスト新聞社、一九八一年。

(3)黒田四郎『私の賀川豊彦研究』、キリスト新聞社、一九八三年。
(4)米沢和一郎編『人物書誌大系25・賀川豊彦』、日外アソシエーツ、一九九二年。
(5)隅谷三喜男『賀川豊彦』、岩波書店　同時代ライブラリー版、一九九五年。
その他、『賀川豊彦全集』（キリスト新聞社、一九六二―六四）に収録の、武藤富男による解説。

終　章
身体性と精神性—逢坂元吉郎の思想をめぐって—

一　からだとこころ

本書の問題意識についてはすでに序章で述べたが、もうひとつ本書に通底する問題意識として身体性と精神性、からだとこころとの結びつきという問題がある。そしてこのことに向けて筆者の関心を触発したもののひとつに、逢坂元吉郎（一八八〇—一九四五）というキリスト教思想家の存在があった。逢坂についてはすでにこれまでにいくつかの論文を発表しているので[1]、ここにその全貌を繰り返し述べることは避け、ここでは、こうした筆者の関心を促したゆえんのものについてその要点のみに触れ、あわせて逢坂における修行の意味ということについて若干の考察を試みて終章に代えたいと思う。

まず、逢坂元吉郎の名が世に知られるようになったいきさつについて一言触れておきたい。

逢坂元吉郎は、日本プロテスタント・キリスト教史上、きわめてユニークな存在である。没後長い間、ほとんど無名に近かったこの思想家の名を初めて世に知らせたのは、逢坂の晩年の愛弟子であった故石黒美種氏であり、筆者が逢坂に関心を抱くようになったのも、たまたま同氏の講演を聞いたことがきっかけであった。石黒氏は工学畑の方で、初め宇宙を貫通する大生命に触れるという秘儀的体験から宗教的求道に入られたが、一九三一（昭和六）年七月のある夕、逢坂の自宅を訪ねて彼と対座しそのキリスト論に傾聴していた折、彼の鋭い一言を契機に、突然救世主イエスの「霊的現前」を眼前に「まざまざと見」るという体験をされた。その体験は、「私は椅子に腰かけたまま聖臨在をやや高めに拝したのである」と、きわめてリアルに書き記されている。[2] 一方逢坂は一九三四年、生死の境をさまよう大患の中で「受肉のキリスト」の臨在を体験する。そして石黒氏はさらに逢坂に導かれて、キリストの神秘体にあずかる公同体験にキリスト教の神髄を見いだすこととなる。かくして氏は逢坂の数少ない理解者のひとりとなって、逢坂の著作集を世に出し、かつ、彼の晩年の説教を筆録して『逢坂元吉郎説教要録』として上梓されて、逢坂の名を世に知らせるきっかけを作られたのである。

こうしたことからも窺われるように、逢坂はいわゆる思弁の人ではなく、生来の深い宗教的資質とでもいうべきものを本領とする人であった。そして彼の神学思想、ことに晩年のそれは、書物の研鑽や思索から編み出された理論ではなく、彼の受けた啓示的体験を基盤として独自の宗教的資質から生成された確信のロゴス的表現とでもいうべきものであった。〝宗教的資質〟に恵まれない筆者には、残念ながら逢坂が拓いた世界を体験的に共有し理解することは不可能であるが、彼のキリスト教思想の根底にある人間理解が、身体と精神の相即という、思想の分野におけるすぐれて現代的な関心を先取りするものでもあることに、思想史研究者としての立場から深く興味をそそられたのである。

逢坂神学の核心ともいうべきものは、すでに論者により解明されているように、キリストにおける神の受肉、「受肉のキリスト」の問題である。彼はキリスト教の本質を、神性の受肉としてのキリストを「行為において」伝承することに見いだした。ここでいう「行為」とは、人格としての人間の主体的な判断にもとづく行いとか社会的な実践活動の意味ではなく、受肉のキリストの身体そのものを伝える行為を意味する。従ってこれを教会史的に見れば、伝統的制度としての教会とその聖礼典の重視、とりわけ聖餐の重視ということにつながる。すなわち「受肉のキリスト」は、キリストの血と肉に与かる聖餐という「行為」によって体験的に証しせられ伝えられる、というのが逢坂のキリスト教理解のかなめであった。

このことを別の面から見ると、そこには独特な世界観、人間観の裏づけがあることが見えてくるであろう。逢坂は、万物を神の意思の自己顕示と見た。逢坂の言葉でいえば、「神の言は徴の言によって現われるのである。被造物によって表現されるのである」(『逢坂元吉郎著作集　中巻』三四九頁、以下、中・三四九と略記)。すなわち、旧約聖書における世界創造の記述は、「神言い給いけるは」に始まり「即ち斯くなりぬ」で結ばれているが、「言い給いける」は万物の創造における神の意思を表わし、「斯くなりぬ」はその神意がかたちある被造物、「徴の言」として現われたことを意味するのであるという。たとえば神が「光あれ」と言われると光が生じ、次いで空、水、地、草木、生き物、人間と、万物は全て「神の言」の顕現、〝「徴」化〟として創造された。このことは、万物は神の言、神の聖なる意思の受肉体であると見られていると言い換えることができよう。だがそれは汎神論や神秘主義におけるように、物質世界と超越世界、自然と神という相異なるものの一体化なのではない。創造の世界においては、万物はかたち・「徴」として顕われた神意そのものであるゆえに、本来、意味と徴は不離一体なのである。

こうした意味と徴との関係のとらえ方は、人間観においてはこころとからだ、精神性と身体性の相即の問題となるであろう。

逢坂は近代の霊肉二元論的な人間把握を厳しくしりぞけつつ、人間の本質は分析的にとらえられるものではなく、実は「心も体も一つであるところのもの」であることを繰り返し強調する。心と身体との相即不離のあり方について彼は次のように言う。

いったい人を識るとか人を見るとかいうことは、その正体は不思議な内面的なものであります。見ゆる相手は単なる肉体でも、また単なる精神でもないものであります。むしろ語る相手であり、その態度であります。語る自己もまた肉体でもなければ、心でもないものであります。語る舌は肉体でありますけれども、（識られるのは）むしろ舌による言葉であります。しかし、言葉は動く舌がなくては現わしえないものでありますし、書も手がなくては表わしえないものであります。しかし、それは舌でなく、手でなく、心によるものであります。同様に見る肉眼は相手を見ますけれども、その人を識るものは肉眼ではありません。ともにそのいずれでもなく、またいずれでもあるものです。（中・六八―九）

そして彼はさらに次のように言う。人の心は体を離れてあるものではなく、「心のあるところには必ず体があり、また体のあるところには必ず心を伴うものであります。その一つであって二でない普通の体と違った特殊の身体を言っているのであります。それは肉体か、非ず心であり、心か、非ず体であるものを指して言っているのでありまず」（同右）。こうした心身一体的な人間の根源をなすものは、逢坂によれば「霊」である。しかしその霊は体から遊離した内容空虚なものではなく、「体を具える「霊体」というごときもの」である。「これがすなわちわれら人間の本質であります」（中・七〇―一）。

逢坂がこうした心身一体的な人間観を強調するとき、その背後には常に西欧近代的人間観にたいする強い批判が控えている。逢坂は、西欧近代のキリスト教的人間観は霊と肉との質的な区別に膠着し、信仰を、身体すなわち行為から遊離した内容空虚な霊性のみにかかわるものとして、〝信仰のみで義とされる〟という「易行道的信仰」に堕落したという。逢坂はこのような人間観や信仰観が宗教改革者M・ルターに淵源するというが、そうした逢坂のルター観および近代理解には、確かに自説の核心を鮮明にしようとするあまりの単純化、独断があると言わねばならないであろう。しかしながら逢坂がこうした〃近代的人間観〃と対比させつつ言わんとするところは明白である。さきに引用した、舌や眼とそれらが表わす意味との不可分の関係は、ある意味で常識が自明のこととして告げるところでもある。ただしここで重要なことは、こうしたかたちと意味とが不離一体となった、「霊体」としての人間の「正体」が、「不思議な内面的なもの」と言われていることである。心と体との不離一体の関係は、人間存在の秘儀性を表わす。そして、人が「受肉のキリスト」の証となりうるゆえんは、まさにこうした人間の秘儀的な存在様式にあるのである。「受肉のキリスト」の証となりうるものは、逢坂にとってあくまでも「像」を賦与された心身一体的存在としての人でなければならないのである。それゆえ、人にまさに「像」が賦与されていることこそが恩寵なのである。

こうした理解を日本における初期のプロテスタンティズム一般に見られる世界観、人間観の中に置いてみるとき、その独自性が一層鮮明に浮かび上がってくるであろう。周知のように近代日本におけるプロテスタンティズムは、特に知識層の間では、近代化とそれに伴う諸々の啓蒙活動を推進した精神的支柱として受けとめられた。その背景には、これもしばしば言われるように、デカルトに始まるいわゆる物心二元論的世界把握が、新時代が開示する世界像の理解にとって最もふさわしい啓蒙的世界観であるとの認識があった。しかしながらそうした世界把握が西欧近代社会の根底にあったことは、今でこそ正当に理解されているが、そもそもそうした世界観やそれを基礎づける諸概念が、当初から長い西欧精神史の伝統的遺産への精緻な理解にもとづいて的確に把握されていたとは言いがたい。多くの場合そうした二元論的世界把握は、精神界と物質界というように、当初はきわめて単純化されたレベルで受け入れられていたに過ぎなかったようである。このことと平行して、信仰の世界と現実世界も、超自然界と自然界という具合に通俗的かつ常識的な対比をもって二分され、信仰の世界に生じる合理的説明を超えるような出来事は、すべて「超理的世界」の力の介入として処理されたのである。すぐれた信仰者においては、現実に彼らの信仰の真の主体化を支えていたのは、そうした〝移入もの〟の斬新な世界観などよりも、むしろ日本の伝統的な価値観やエートスであったと思われるが、まだそれらと新しい世界観とが論理的思想的な整合性を目指して練り上げられるには至らなかった。そしてそのような思想状況は、基本的には、逢坂らの属するいわゆる二代目キリスト者の世代にも受け継がれていたと言ってよい。ここにも逢坂のキリスト教理解が、時代思潮との影響関係の中で形成されたというよりは、彼独自の宗教性から編み出されたものであるといい得るゆえんがあると言えるであろう。

二　贖罪と修行

ここで逢坂の贖罪観について触れておきたい。

心身一体の「霊体」としての人は、キリストをその「原形」とするが、キリストは、「それ神の盈満は凡て身体的にキリストに宿れり」（コロサイ書二章九節）とあるように、「身体における受肉の神」、神の言そのものである（『続受肉のキリスト』二一六―二一七）。従ってそうしたキリストを「原形」とする人は、受肉神キリストとともに神の性を分け持つ存在なのである（下・一一〇―一一）。このことはまた次のようにも語られる。人は神の像として被造物の中で比類のないものとして造られた。その比類のなさのゆえんは、人の像が「常に天上の三位一体の神と等しい内在の三位一体の像を有する」（中・三五二）ことにある。すなわち、人は「像」としての肉の体に神性の盈満を宿す存在である、ということになるであろう。

しかしながら現実の人は、原罪によってこうした創造の秩序を喪失している。そして、そのような人間を再び神の像としての完全なあり方に復帰させることが逢坂における救済の意味であった。御子キリストの降世は、ただ罪の贖いのためだけではなく、「実に創造の恢復のためである。すなわち人をしてその原形に還らしめることにある」(下・一三〇)のである。「贖罪の結果は人の神化」(下・一一三)なのである。

こうした贖罪理解のもとでは、さきに触れたように、いわゆる「信仰による義認」の立場は「易行道的」堕落として批判され、その当然の帰結として十字架の業を優先させる贖罪論がしりぞけられることとなる。なぜなら、「贖罪の目的は積極的に三一神の形成にまで至らしめる人の完成にあって、消極的な罪の解放のみ」にあるのではなく、贖罪が先決すべきものは「人の新生であり、新生は受肉神による上昇をもってキリストの完全のごとくに人を完全に至らしめることであった」(下・一〇七)からである。

ここで触れておかねばならないことは、こうした逢坂のキリスト教理解において「修道」すなわち修行が重要な位置を占めていることである。

湯浅泰雄は、哲学としての東洋思想のひとつの特質として、哲学的理論体系の基礎に「修行」の問題が前提されていることをあげ、「それは、真の知というものは単なる論理的思考によって得られるものでなく、自己の身心の全体をもって「体得」し「体認」してゆくことによって得られるものだという考え方である。「体得」とは、ひらたくいえば、頭でなく「身体で覚える」ということである。修行とは、いわば自己の身心の全体によって真の知を体得しようとする実践的試みである」と述べている。(3) このことに教えられるとき、逢坂にとってのキリスト教も、まさにそのような知として体得されるべき性格のものであったこと、それゆえそれを獲得するために、「修道」が必須の要件であるとされたことが理解できるであろう。逢坂が目指した創造の「原義の人」とは「ただ義認の信仰によって罪の解放とみなされるごとき人」(下・二〇三)ではなく、「霊体」としての全人の上に「修道」によって具現されるべきものであったからである。

さて逢坂は、このようなものとしての贖罪の達成のために、神の側からは子なるキリストの降世・受苦という「自己拘束」がなされたように、人の側にも同様の厳しい自己制限、自己拘束が必然の媒介として要求されるとした。石黒美種氏によれば、晩年の逢坂は、「躬をもって敬虔の自己修練を行ずる修道者の生活を実践した」。彼は、自らの牧する大崎教会の、礼拝堂に隣接する集会室を仕切って小部屋を設け、そこにベッドを置いて寝泊まりし、連日朝の四時から夜に至るまで、すべての時間を祈禱と学びと参加者の指導に専念する修道僧のような生活にはいった。そうした生活は、実に一九三七(昭和十二)年八月から、太平洋戦争の戦局が悪化してもはや継続が不可能となった四四年三月までの、満六か年半以上にも及んだという[4]。

逢坂の修行の方法としてはまず祈禱があげられる。祈禱には修禱、念禱、霊禱、対禱などとさまざまな名称のものがあり、このことからも想像されるように、逢坂における祈禱は、それ自体修行としての性格をもつものであった。逢坂は、一般のプロテスタント教会で行われている声禱は、人前での「祈りの演説」、弁舌であって真の祈りではないと批判し、「真の祈禱であるためには、修練の祈りでなければならない」として、そのような祈りの方法を具体的に示している。「教会における念禱の心得」(一九三八)と題する覚え書き(中・八一―三)によれば、祈禱の方法として、まず集会の一時間ないし三十分前に着席して黙禱し、「主の祈り」または「使徒信条」を口誦し、次いで開眼して正面を見、自己を含めた四囲を「鏡」として観想するように示されている。そのようにして心身が整えられるとき、人に聖霊が映じてくるのであるという。鏡のイメージは逢坂が好んで用いるものであるが、この鏡にはこちら側にわれわれの顔が、向かいにキリストの御顔が映り、われわれの醜い相にキリストの栄光が映って、自己の像と主の像とが次第に同化していくのを楽しむのが信仰生活である、とされている。

さらに、年間の教会暦に従って「十字架の経過、受肉の真理……」などの「題目」のもとに行なう「念禱」がすすめられるが、ここに至って祈禱は単なる祈りの域を超えて修行そのものとなる。「キリスト降誕節修道覚書」（一九三八、中・八五―一一五）は、クリスマスに先立つ四週間に行うべき修道の方法を具体的に示したものであるが、それには、聖母マリアの受胎に始まりキリストの出生に至る出来事を、文字通り五官において観相する方法が具体的に示されている。そして信徒には、そうした内観を日に朝、昼、夜の三度行うとともに、毎週木曜日の夜、教会において必ず聖餐にあずかることが課せられている。これが「受肉神による上昇をもってキリストの完全のごとくに人を完全に至らしめる」（下・一〇七）という新生のための具体的な方法であり、こうして人は、「受肉のキリスト」の媒介による倦むことのない厳しい心身の修練をとおして、「霊体」としての全人において「受肉のキリスト」と同化するという贖罪の目的に近づいていくのである。

三　聖餐の意味

では、創造の秩序の回復のために、なぜ人にとってこのような修道に徹するだけでは不十分で、さらに聖餐に与かることが必須の要件として求められるのであろうか。現に逢坂自身、人の側における自己制限の姿を、鎌倉時代の仏教者道元のうちにも見て次のように述べている。

永平寺の道元のごときは、その一生を通じて日中には座臥しないという誓いを立て、これを一生遂行したということであります。かようなことは普通人には必要もないことのようでありますが、実はかくすることによ

って初めて神の貌は現われるのであります。(中・六二)

逢坂は、この禅仏教者の只管打坐が彼のいう「自己制限」に通じるものであることを認め、そうした修行によって初めて「神の貌」は現われるとしているのである。そうであれば右の問いは、逢坂を修行を重んじる一宗教者として見ようとする者にとっては、きわめて自然な素朴な疑問ではなかろうか。人が「キリストの完全」に上昇するために、「修道」に加えて受肉神キリストの血と肉にあずかることは、どのような意味をもつのであろうか。

この疑問に直接に答えてくれる文献上の手がかりはほとんどないが、石黒美種氏によれば、逢坂は、一九三四年の大患で生死の境をさまよう病床にあったとき、見舞いに来た一友人にたいし、全身を包帯に蔽われたいたいたしい姿で、「人間の悟りなどはくだらぬ。実に偉大なものがある!」と言ったという。このことについて石黒氏は、「推測するにこれこそ彼が生死の関頭に立つ境で経験した「甦えりのキリスト」にあずかった証言ではなかったかと思われる」とされ、さらに「この問題意識とその解決こそ、さらにひきつづき病後の逢坂にとって最大かつ緊急の課題であった[6]」とされている。

この大患を転機として、聖餐による「受肉のキリスト」の伝承を核心とする逢坂独自の神学が確立されることを考えあわせるとき、この逢坂の言葉とそれにたいする石黒氏のコメントは、当面の問いにたいするひとつの手がかりとなり得るのではないかと思われる。すなわち、この経験をとおして逢坂は、自己自身の内的な「悟り」の体験を可能とする「偉大なもの」、天的実在に依拠する立場を確たるものとしたと言えるのではなかろうか。このことに関連して赤木善光は、逢坂において「体験」と「経験」とが区別されていることに触れ、「体験」は信仰主体のものであるのにたいし、体験される対象が「経験」であり、預言者の体験によって書かれた聖書の神は「経験の神」であると考えられていると指摘している。そしてこの「経験」は預言者自身の体験として表現されつつ、しかもそれに自己同一化され得ないところのある客体的な実体であって、この「経験」が預言者の体験を可能とするのである、としている[7]。逢坂が大患の中で体験したものは、そのような意味での「経験」の発見であったと言い得るのではなかろうか。

こうして逢坂は、そうした「経験の神」を心身としての全人において体験することを、キリスト教的求道の究極目的として目指す道をたどることとなる。そしてそのさい、受肉のキリストの伝承者たるにふさわしいものとして自らを整える行為が黙想や祈禱、念禱などの「修道」であったとすれば、実際にその伝承を行うのが聖餐であったと言えるのではなかろうか。なぜなら、伝承すべきものは「ある客体的な実体」であり、単なる主観的な神人合一の法悦ではなかったから、その伝承にはパンとぶどう酒という客体的な徴を必要としたのである。

さて逢坂の聖餐論について教義学的な見地から論ずることは、筆者の力の及ぶところではない。また逢坂にとって陪餐が意味したものを体験的共感的に理解し記述することも筆者の能力を超えるところである。そこでここでは、逢坂が聖餐の行為に精魂を傾けたゆえん、またキリストの肉と血を表わすパンとぶどう酒に与かることが、いかにして「受肉のキリスト」を伝承することになると考えられていたのかということについて、筆者なりの立場から推察するところを記しておきたいと思う。

パンとぶどう酒がいかにしてキリストの肉と血に変化し得るのかということについては、歴史上、多くの議論が繰り広げられているようであるが、このことをめぐる逢坂自身の主張は次のようにまとめられよう。

聖餐をめぐる説明は、初代教会から今日にいたるまで紆余曲折、詳細を極めるが、しかしそれらはいずれも単なる説明に過ぎない。「ところで」、と逢坂は言う、「主ご自身は説明を加えたまわなかった」。逢坂によれば、マタイ伝二六章二六節の「取りて食らえ、これは我が体なり」というイエスの言葉の後半、すなわち主の体は不変であるが、前半の食らう主体、すなわちわれわれは種々である。従って両者の間に横たわるギャップは常に「謎」である。「我が体」は説明抜きの「主の身体」そのものであるが、それを受ける「われわれ」の相はさまざまであるので、いかにしてパンとぶどう酒が聖体となり得るかは論理的な説明の埒外の謎である、ということであろうか。しかし、と彼は言う。この謎は「懐疑的な不可解」ではなく、「天使と聖者と殉教者たちによってその現実が示されるところの神秘体である」と。聖者たちによる伝承の行為をとおして、犠牲の死を意味する「経験の身体」は、「パンとぶどう酒の表徴を越えて来る」「生ける聖体」となるという。パンとぶどう酒をによって聖体を伝承する行為は、「不可見が可見となり、神秘体が現実となる実現の行程を進んでやまない動体」（以上、中・一〇八―九）なのである。すなわち両者の関係は、常に一定不変の仕方で規定され説明されるような静的なものではなく、パンとぶどう酒はそれにふさわしい者によって受けられたときに、初めて主の体としての「神秘体」に化するという動的な性格のものである、ということであろう。

そこで次に問われるのは、陪餐者のあり方の問題である。逢坂は、設定語と陪餐の行為との関係について、「御体を弁えずして飲食する者は、その飲食によりて自ら審判を招くべければなり」という聖句を引きつつ次のように言う、「行為は言葉によって変質するのではなく、言葉は行為によって伝えられるのである」（中・二八七）。すなわち彼は、設定語によってパンとぶどう酒が〝魔術的に〟変質するという主張を退け、陪餐者のあり方を重視するのである。さきにも触れたように、逢坂における「修道」は、「受肉のキリスト」の伝承者たるにふさわしく心身を整えるための要件であったが、ここでもうひとつ、「物」の「化質」を媒介とする神と人との「接近」について、次のような記述があることに触れておきたい。

パンとぶどう酒の「化質」を媒介とする神と被造物との「接近」は、人の能力と神の能力のふたつによって現われる。「そしてこの媒介である「物」は、すべてこの両者の能力によってそれぞれ無限に造り出されるのである」(中・二九四)。この表現はやや難解であるが、パンとぶどう酒という「物」が聖体伝授の媒体に変化するという神秘は、神と人とがそれぞれの〃能力〃を傾注し合う、絶えざる創造的参与によって現実となる、ということであろうか。すなわち「受肉のキリスト」の伝承という秘儀は、上からの一方的な恩恵としてではなく、いわば神と人との〃協同〃によって実現するのである。

ここで特別な意味をもって想起されるのは、初めに述べたような、意味とかたちとを不離一体とみる逢坂の世界観である。逢坂において万物は、「神の言」の顕現であり神の聖なる意思の受肉体であった。そうであればパンとぶどう酒という「物」も、そもそれ自体として、近代的世界観のもとにおけるように単なる死せる物質ではないであろう。そこでは万物は、本来的にその内に神の聖旨を宿す存在であり、パンとぶどう酒は、創造の始めから聖礼典的な意味を込められているのである。

ここで敢えて逢坂自身のテキストを離れて、このことが聖餐という行為においてもつ意味について、若干読み込んでみることをお許しいただきたい。万物が本来その内に神の聖旨を秘めているとすれば、その聖旨を読み取ることは、人に課せられた責務のひとつとなるであろう。そして逢坂における修行の目的は、ひとつには、自然物の中に隠された神の聖なる意思を体験的に明らかにすることにあったと言えるのではなかろうか。すなわち聖餐の目的は逢坂にとって、パンとぶどう酒という〃自然物〃の中に秘められた聖礼典的意味を、修行をとおして心身一体的な「霊体」において体得することにあったのではないか。そして逢坂の『聖餐論』のかなり難渋な記述は、こうした秘儀的な事実をいかにかして言語化しようとする彼の苦闘を表わすものと言えるのではなかろうか。

話はいささか飛躍するが、西洋の中世における錬金術師の営みの意味は、孤独な実験室の中で忍耐と謙譲と神を愛する心を養い、自然の中に隠された神聖な知恵を探求することにあったという。[8] 今、誤解を恐れずに敢えて言えば、晩年に教会堂の小部屋で毎日自ら聖餐式を執行し、それに与かっていたという逢坂の姿に、こうした錬金術師と重なり合う姿を見いだすことも、あながち不当とは言えないのではなかろうか。そこには、「物」をとおして超越的なものに触れようとする姿勢と、そうした営みを背後で支える世界観とが通底しているように思われるのである。[9]

現在、プロテスタント・キリスト教の世界では、聖礼典、ことに聖餐には説教ほどには重きが置かれていないように思われる。しかし実は信仰生活にとって、説教と聖礼典とは車の両輪のごとくでなければならないといわれる。そのようなときに、逢坂のような〝達人宗教〟の域に達することは不可能であるとしても、彼によって開示された聖餐の意義に、われわれは学ぶところが多いのではないかと考える。

逢坂のキリスト教思想について総括的に述べようとするなら、なお触れるべきことは多く残されているであろう。しかし本章では、とりあえず冒頭に記したように、身体性と精神性の関連という問題に向けて筆者の関心を促したゆえんのものと、逢坂における修行の意味についての現在の私見を述べて、本書の結びとしたいと思う。

〈注〉

(1) 鵜沼裕子「逢坂元吉郎」『近代日本のキリスト教思想家たち』、日本基督教団出版局、一九八八年、所収。

(2) 石黒美種「わが回心の記」『受肉のキリスト』、新教出版社、一九七五年、二一八頁。

(3) 湯浅泰雄『身体――東洋的身心論の試み――』、創文社、一九七七年、一六頁。

(4) 石黒美種「逢坂元吉郎の神学思想」『受肉のキリスト』、一二三―四頁。
(5) 石黒美種　前掲書、一二一頁。
(6) 石黒美種「逢坂元吉郎小伝」『逢坂元吉郎著作集　下巻』、新教出版社、一九七二年、五二四頁。
(7) 赤木善光「逢坂元吉郎における体験のキリスト」『受肉のキリスト』一三二頁。
(8) 湯浅泰雄『ユングとヨーロッパ精神』、人文書院、一九七九年、七七頁。
(9) この点に関しては、平野啓一郎著『日蝕』（新潮社、一九九九年）ならびに同氏自身による自著のコメント「贅言―『日蝕』の為に」（『波』、新潮社、一九九八年一〇月）に示唆を受けた。

あとがき

本書は、ここ十年ほどの間に、主として聖学院大学関係の出版物に載せた論文を軸としてまとめたものである。この間に私の中に新たに熟してきた問題意識についてはすでに序章で述べたが、そこでも触れたように、そこには初めて専任教員として学生諸兄姉に接した体験によって触発されたものが重要な位置を占めている。また本書の基本的な構想は、一九九七年度の秋学期に与えられた特別研究休暇中に立てたものである。その意味で本書は、聖学院大学での私の足跡ともいえるものである。

ちょうど本書の構想を考えていたころ、学生時代以来の恩師である大内三郎先生が天に帰られた。およそ四十年にわたり、日本キリスト教史の研究について文字どおり手とり足とりのご指導をいただき、私的にも家族の一員のように受け入れていただいていた私にとって、先生のご逝去は、年齢的には少し近すぎるのだが、まさに慈父を失ったような悲しみであった。本書に収録した論考のほとんどは、すでにそれぞれが書き上がった時点でお目にかけてはいるが、一本にまとまったかたちでご覧いただけなかったことは、悔やんでも悔やみきれない思いである。

亡くなられる半年ばかり前のこと、私はたまたま、先生がご自身の研究歴と研究方法について書かれた文章の草稿に触れる機会を得た。それによると、先生がこの道に入られたのは、日本思想史学の開拓者のひとりである村岡典嗣との半ば偶然の出会いが機縁であったという。私事になるが、私自身も大内先生との偶然の出会いがきっかけとなって日本キリスト教史の研究に入った者であり、「出会い」というものの奇しさを思わずにはいられない。私が現在、このようにして在ることの背後には、歴史を織り上げている無数の糸の一本が確かに存在していることを、今つくづくと感じている。

各章は、これまでに発表した論文に多少の加筆修正をほどこしたものであるので、ここに各論文の初出の収録書を掲げておく。

第一章　「植村正久の世界——伝統と信仰をめぐって——」、「日本思想史学」第二十五号、日本思想史学会、一九九三年九月。

第二章　「内村鑑三における『宗教的寛容』について」、「内村鑑三研究」第二十九号、キリスト教図書出版社、一九九二年九月。

第三章　「日本人キリスト者の死生観——内村鑑三を中心に——」、「聖学院大学論叢」第五巻第二号、一九九二年一二月。

第四章　「新渡戸稲造の宗教観」、「聖学院大学論叢・第八巻第二号」、一九九六年一月。

第五章　「三谷隆正——その信仰と思想に関する一考察——」、「聖学院大学論叢」第七巻第二号、一九九五年一月。

第六章　「賀川豊彦試論——その信の世界を中心に——」、「聖学院大学論叢」第九巻第二号、一九九七年二月。

なお、序章はこのたび新たに書いたものであるが、第二節には次の文章が組み込まれている。
「日本キリスト教史叙述の一視点——思想史と実証史の〝溝〟をめぐって——」、聖学院大学、『キリスト教と諸学』第十一号、一九九六年一〇月。

また終章もこのたび新たに書き下したものである。

おわりに、私事にわたるが二、三のことを書かせていただきたい。

ここ二年余の間に私は、二人の親族を天に送った。九十歳の母と、私より六歳年下であった妹である。これまで比較的平穏無事な日々を送ってきた私にとって、この相次いだ不幸は、人生でほとんど初めて出遭った大きな試練であった。ことに母が亡くなったときは、思いがけぬ突然の別れとなったため、年甲斐もなく大きなショックを受けて心身のバランスを崩し、数か月の間、ほとんど病人のような状態となってしまった。その間、家族はもとより、多くの知人友人たちから温かな支えを受けた。ことに勤務先の教職員方は、常に慰めや励ましの言葉をかけて下さったばかりでなく、時には私をかばって私の仕事を代わりに負ってくださったこともあった。これらの方々の支えなしには、私はこのような本を公にするどころか、日常の業務さえ満足にこなすことはできなかったと思う。

今、この文をしたためていると、この間のできごとが、月並みな表現ではあるが、走馬灯のように浮かんでくる。この間に多くの方々からいただいたものは、この本の存在とともにいつまでも私の心に残ることと思う。お一人お一人の名をあげることができないのは心苦しいが、中でお一人だけ、どうしてもお名前をあげて謝意を表したい方がある。それは中学時代以来の同信の友、加古(氏家)明子(はるこ)さんである。加古さんは、同じく母堂を亡くされたときの苦しみの体験から、凍りついたような心を抱えて漆黒の闇の中にいるような私を深く理解してくださった。そして、可憐な草花のスケッチにさりげない慰めの言葉を添えた葉書を、ことに初めのうちはほとんど毎日のように送ってくださった。ファイル・ノートに納められたそれらの葉書は、今、百五十枚を数えている。この本が出るまでには、恐らくもっと増えていることであろう。このような考え方が聖書的なのかどうかは分からないが、今、私にとって加古さんは、有名な詩「砂の足跡」の作者「私」を担って歩かれたイエスが、私にさし向けてくださった方のように思える。死別そのものは不幸な体験ではあったが、そこからこのような愛を知る道が開かれたことに心から感謝したいと思っている。

聖学院大学は、教授会が祈禱に始まり祈禱に終わる大学である。公的な生涯の終わり近くになって、このような職場に働きの場を与えられたことに、私は深く感謝せねばならない。このこと自体は摂理と受けとめるべきことであろうが、現実に就任のためにご配慮くださった方々のご恩を忘れてはならないと思っている。そして、本学のキリスト教の理念からみれば、いささか枠をはみ出したような本書の出版を寛大にお許しくださった関係者の方々にも、心からの謝意を表したいと思う。

最後になったが、私の学究としての生活は、私のようなその器でない者を大学院まで迎え入れて、他の多くの俊才とともにご薫陶くださった、東京大学倫理学研究室の古川哲史先生との出会いに始まる。それ以来、私が曲がりなりにも自分なりの世界を見つけるに至るまでには、同じく東大の相良亨先生と、先生を中心とした研究グループの方々の学恩に多くを負っている。私のような者をここまで導いてくださった多くの先学や知友に、この場を借りて深く感謝申しあげたいと思う。

もうお一人、謝意を表さねばならない方は、聖学院大学出版会の山本俊明氏である。氏は本書の出版をご快諾くださった上、原稿を熟読して、細部にわたり貴重なご助言を賜った。ここに厚く御礼申しあげる。その他、索引の作成や校正等の労を取ってくださった出版会の方々にも、心より感謝申しあげたい。

また、原稿の段階で本書の一部をテキストにした私の講義につきあい、適切な批評や快い刺激を与えてくださった、国際基督教大学大学院の院生諸兄姉にも心からの謝意を表したいと思う。

一九九九年　晩秋

鵜沼裕子

事項索引

人名索引

は

ま

や

ら

わ

人名索引

あ

か

さ

た

な

著者紹介

鵜沼裕子　うぬま・ひろこ

1934年東京生まれ。日本キリスト教史、倫理学専攻、文学修士（東京大学）。

現在、聖学院大学教授。

〔著書〕『近代日本のキリスト教思想家たち』『史科による日本キリスト教史』『日本思想論争史』（共著）ほか。

近代日本キリスト者の信仰と倫理

2000年 3 月 10 日　初版第 1 刷発行

著　　者　鵜　沼　裕　子

発 行 者　大　木　英　夫

発 行 所　聖学院大学出版会

〒362-8585 埼玉県上尾市戸崎 1 ― 1
電　話　048-725-9801

印刷・慶昌堂

ISBN4-915832-32-5　C3016

光の子と闇の子
デモクラシーの批判と擁護

ラインホールド・ニーバー著
武田清子訳

政治・経済の領域で諸権力が相剋する歴史的現実の中で、自由と正義を確立するためにはいかなる指導原理が必要か。キリスト教的人間観に基づくデモクラシー原理を明確にする。

四六判上製本体二一三六円

ラインホールド・ニーバーの歴史神学

高橋義文著

ニーバー神学の形成背景・諸相・特質を丹念に追い、独特の表現に彩られる彼の思想の全貌を捉えながら帰納的に「歴史神学としてのニーバー神学」と特質を解明する気鋭の書下し。

四六判上製本体四二七二円

単税太郎C・E・ガルスト
明治期社会運動の先駆者

工藤英一著

宣教師C・E・ガルストは、秋田への伝道を通して、農村地域の貧困を知り土地単税論を主張。みずから単税太郎をなのり、日本の社会運動家と交流し、多くの影響を与えた。

四六判上製本体二三三〇円

歴史としての啓示

W・パネンベルグ編著
大木英夫
近藤勝彦 ほか訳

神の啓示を客観的な歴史的事実の中に見ようとする「歴史の神学」の立場を明確にした論争の書。歴史の流れにおける神の働きを考察し、終末論的希望をイエスの復活に根拠付ける。

四六判上製本体三一〇七円

キリスト教社会倫理

W・パネンベルグ著
大木英夫・近藤勝彦監訳

われわれは、文化や社会の問題を、倫理的諸問題を、その根底から再考しなければならない時代に生きている。本書はその課題に神学からの一つの強力な寄与を提示する(あとがきより)。

四六判上製本体二五二四円

国家と法の比較研究
違憲審査と基本的人権の考察

酒井文夫著

近代デモクラシーの基盤にある違憲審査制と、近代人権概念の根幹にある「信教の自由」、基本的人権の欧米各国における成立過程をたどり、日本の旧・現憲法と比較する。

Ａ５判上製本体七九六一円

史料による
日本キリスト教史

鵜沼裕子著

キリシタン時代から現代に至るまでの、日本におけるキリスト教の受容と展開をわかりやすく素描した「歴史篇」と、手に入りにくい原史料を集めた「史料篇」からなる。

四六判並製本体一六〇〇円

キリスト教信仰概説

倉松功著

日本のプロテスタント・キリスト教のなかで、最も多数をしめる日本キリスト教団の「信仰告白」を解説することによって、プロテスタント・キリスト教信仰の概要をしめす。

四六判並製本体一五五四円

神を仰ぎ、人に仕う
キリスト教概論

聖学院大学・女子聖学院短期大学宗教センター編

キリスト教学校の意味を自覚した執筆者共同体によって書き下ろされた「キリスト教概論」のためのテキスト。キリスト教入門書としても適切な本である。

Ａ５判上製本体一八四五円

社会改革への道五十年

金井信一郎著

社会政策の研究者として労働行政や労働組合活動へ参画、また明治学院大学学長、聖学院大学学長の要職を経た著者の主要論文12編。日本の社会政策学小史ともいえる交友関係も収録。

Ａ５判上製本体四六六一円

アジアの問いかけと日本
あなたはどこにいるか

隅谷三喜男著

著しい経済成長を遂げるアジア各国の政治・経済情勢、背後にある社会的矛盾の拡大を解説。アジアのキリスト教会の現状を報告し、アジアの民衆と悩みを分かちあうことを指摘する。　四六判上製本体二一三六円

神道学者・折口信夫とキリスト教

濱田辰雄著

日本の伝統的宗教である神道を、太平洋戦争敗戦後、キリスト教をモデルとして大胆な構造改革を試みた折口の「戦後神道論」を論じながら、折口の思想、日本人の精神的課題を明確にする。　A５判上製本体三二〇四円

日本社会政策の源流
社会問題のパイオニアたち

保谷六郎著

島田三郎、田口卯吉、佐久間貞一、豊原又男、高野房太郎、鈴木文治、チャールズ・E・ガルストなど社会問題黎明期の明治・大正初期の啓蒙・活動家、また高野岩三郎などの社会調査開発者を紹介。　A５判上製本体三四九五円

オリヴァー・クロムウェル
神の道具として生きる

澁谷浩著

ピューリタン信仰に裏付けられた議会での発言や画期的な軍政改革、めまぐるしく変化する政治情勢の中での行動と思考を追う書き下ろし評伝。クロムウェルとその激動の時代を理解する格好の書。
ヴェリタス叢書②　四六判並製本体一九四二円

日本プロテスタント史の諸相

高橋昌郎編著

第一線の研究家たち11名の長年に亘る研究成果、貴重な史料の発掘などを踏まえて多彩な角度から、日本のプロテスタント史の興味深い出来事や問題点を明らかにする。　A５判上製函入本体六四〇八円

イギリス革命とアルミニウス主義

山田園子 著

イギリス革命期の急進的聖職者ジョン・グッドウィンは「しょく罪されたしょく罪」によって、カルヴァンの運命論的な二重予定説を批判したが、その思想の中核にあった十六世紀オランダのアルミニウスの教説を詳説し、それがイギリス革命に及ぼした影響を明らかにする。

A５版上製本体五八〇〇円

デモクラシーにおける討論の生誕

ピューリタン革命におけるパトニー討論

大澤麦
澁谷浩 編訳

ピューリタン革命の最中、国王を逮捕した革命軍が今後の方針を討議するためにパトニーで総評議会を開催した。議長はオリヴァ・クロムウェルがつとめ、新しい政治体制を主張するレヴェラーズと激しい議論を進めた。この討論にこそ「討論」を通してお互いの違いを理解しあい、共通の目的を発見することを目指す、近代デモクラシー思想の源泉があった。本書は、「パトニー討論」の翻訳と訳者注記と解説を付し、この討論の政治思想史における意義を解明する。

A５版上製本体五八〇〇円

クロムウェルとイギリス革命

田村秀夫 編著

ピューリタン革命の立役者、オリヴァ・クロムウェルを、本書では、序章「クロムウェル研究史」（田村秀夫）、第1部「クロムウェルの宗教」、第2部「クロムウェルと政治」、第3部「クロムウェルと国際関係」という多角的な視点から論ずる。

A５判上製本体五六〇〇円

イギリス・デモクラシーの擁護者A・D・リンゼイ

その人と思想

永岡薫 編著

リンゼイは、E・バーカーと並ぶ今世紀におけるイギリス政治哲学者の双璧である。本書はリンゼイのひととなりと幅広い思想を多彩な執筆者によって紹介した初の本格的研究書である。

A５判上製本体五二〇〇円